大学生创新创业教育
与心理健康教育研究

陶珊珊　李雪铭◎著

山西出版传媒集团

三晋出版社

图书在版编目（CIP）数据

大学生创新创业教育与心理健康教育研究 / 陶珊珊，李雪铭著. -- 太原：三晋出版社，2022.10
ISBN 978-7-5457-2581-0

Ⅰ. ①大… Ⅱ. ①陶… ②李… Ⅲ. ①大学生—创业—研究 ②大学生—心理健康—健康教育—研究 Ⅳ. ① G647.38 ②G444

中国版本图书馆CIP数据核字(2022)第188382号

大学生创新创业教育与心理健康教育研究

著　　者：陶珊珊　李雪铭
责任编辑：刘玫吟

出 版 者：山西出版传媒集团·三晋出版社
地　　址：太原市建设南路21号
电　　话：0351-4956036（总编室）
　　　　　0351-4922203（印制部）
网　　址：http://www.sjcbs.cn

经 销 者：新华书店
承 印 者：山西基因包装印刷科技股份有限公司

开　　本：720mm × 1020mm　　1/16
印　　张：10.75
字　　数：150千字
版　　次：2024年7月　第1版
印　　次：2024年7月　第1次印刷
书　　号：ISBN 978-7-5457-2581-0
定　　价：56.00 元

如有印装质量问题，请与本社发行部联系　电话：0351-4922268

前　言

世界卫生组织关于健康的定义指出:健康乃是一种在身体上、心理上的完满状态以及良好的适应力,而不仅仅是没有疾病和衰弱的状态。心理健康是个体心理素质的完美的状态,是个体以有效的心理活动和平稳正常的心理状态对环境保持良好的适应。大学生正处于从不成熟到逐渐成熟、迅速向成人过渡的时期。因此,高校在进行创新创业教育时对大学生进行心理健康教育,培养他们的健康心态,出现心理问题时进行及早干预迫在眉睫、势在必行。

党的十九大以来,以习近平同志为核心的党中央高度重视心理健康教育问题,明确提出应加强心理健康教育和服务。对正处于青春期的大学生来说,要大力加强心理健康教育,不断提升大学生的心理健康素养,培育自尊自信、理想平和、积极向上的社会心态,助力实现"两个一百年"奋斗目标和中华民族伟大复兴的中国梦。

在国家进一步强调创新创业的重要性时,创新创业过程中的心理素质对创新创业的成败影响也非常大。当前高校通过心理健康教育关注着大学生的心理发展,心理健康教育的形式主要涵盖了课堂教学和心理普查与建档,这样可以全方位了解大学生的心理信息,但是当前的创新创业教学改革却很少结合心理健康教育。以此,将创新创业理念与心理健康教育相结合对创新创业教学改革和心理健康教育都有重要意义。对于前者来说,在创新创业教学改革中结合心理健康教育可以获取本校学生的专业心理信息,更有针对性地提升大学生的创新创业心理素质;对于后者来说,可以拓展心理健康教育的应用范围,让心理健康教育可以应用到高校的创新创业教学中去,也为今后心理健康教育应用于高校其他方面的教育教学工作提供了可能性。

目　录

第一章 绪论

第一节 大学生创新与创业教育

创业是人类最基本的实践活动,从某种意义上说,人类社会发展的历史就是一部不断创业的历史。通过创业人类不断地创造新的物质财富和精神财富来满足自身物质和精神的需要,从而推动社会不断进步,使社会逐步走向文明、昌盛、富强。

一、创新的概念与类型

(一)创新的概念

创新是指以现有的思维方式提出区别于常规或常人思路的见解为导向,利用现有知识和物质在特定环境下本着理想化需要或为满足社会的需求而改进或创造新的事物、方法、元素、路径、环境,并且能够获得一定有益效果的行为。

创新是以新思维、新发明和新描述为特征的一种概念化过程。它起源于拉丁语,其原意有三层含义,即更新、创造新的东西和改变。创新是人类特有的认知能力和实践能力,是人类主观能动性的高级表现形式,是推动民族进步和社会发展的不竭动力。一个民族要想走在时代前列就不能没有理论思维、不能停止理论创新。创新在经济、商业、技术、社会学以及建筑学等领域的研究中都有着举足轻重的分量。在我国经常用"创新"一词表示改革的结果。改革被视为经济发展的主要推动力,促进创新的因素也被视为至关重要的条件。对于创新概念的理解一般有狭义和广义两个层次。狭义的创新概念立足于把技术和经济结合起来,即创新是一个从新思想的产生到产品设计、试制、生产、营销和市场化的一系列活动。广义的创新概念力求将科学、技术、教育等与经济融汇起来,即创新表现为不同参与者和机构(包括企业、政府、学校、科研机构等)之间的交互作用的网络。在这个网络中,任何一个节点都可能成为创新行为实现的特定空间。创新行为因而可以表现在技术、体制或知识等不同层面。

"创新"一词早在《南史·后妃传上·宋世祖殷淑仪》中就曾提到,意为创立或创造新的东西。《韦氏词典》对"创新"下的定义为:引入新概念、新东西和革新。也就是说,"革故鼎新"(前所未有)与"引入"(并非前所未有)都属于创新。

在国际上,奥地利经济学家约瑟夫·熊彼特是创新理论的奠基人。他最早在1911年出版的德文版《经济发展理论》一书中就论述了关于经济增长并非均衡变化的思想。此书在1934年被译成英文时使用了"创新"一词。1928年,熊彼特在首篇英文版论文《资本主义的非稳定性》中首次提出了创新是一个过程的概念,并于1939年出版的《经济周期》一书中比较全面地提出了创新理论。按照熊彼特的观点,所谓"创新"就是建立一种新的生产函数。也就是说把一种从来没有过的关于生产要素和生产条件的"新组合"引入生产体系。在熊彼特看来,作为资本主义"灵魂"的"企业家"的职能就是实现"创新",引入"新组合"。所谓"经济发展"也是针对整个资本主义社会不断地实现这种"新组合"而言的。熊彼特所说的"创新""新组合"或"经济发展"包括以下5种情况:①引进新产品;②引用新技术,即新的生产方法;③开辟新市场;④控制原材料的新供应来源;⑤实现企业的新组织。自20世纪60年代起,管理学家们开始将创新引入管理领域。现代管理大师彼得·德鲁克在《动荡年代的管理》一书中发展了创新理论。他认为,创新的含义是系统地抛弃昨天,系统地寻求创新机会,在市场薄弱的地方寻找机会,在新知识萌芽时期寻找机会,在市场的需求和短缺中寻找机会。创新是赋予资源以新的创造财富能力的行为。任何使现有资源的财富创造潜力发生改变的行为都可以称为创新。他还在《创新与创业精神》一书中提到,创新是企业家的特定工具,他们利用创新改变事实,作为开创其他不同企业或服务项目的机遇。

(二)创新的类型

创新并非少数天才的专利,创新是创业的源泉、本质和灵魂。创新能力是进行创业最重要的资本。创新的类型主要包括以下几种。

1.盈利模式创新。盈利模式创新是指公司寻找全新的方式将产品和其他有价值的资源转变为现金。这种创新常常会挑战一个行业关于生产什么产品、确定怎样的价格、如何实现收入等问题的传统观念。溢价和竞拍是盈利模式创新的典型例子。

2.网络创新。在当今互联的世界里,没有哪家公司能够独自完成所有事情。网络创新让公司可以充分利用其他公司的流程、技术、产品、渠道和品牌。悬赏或众包等开放式创新方式是网络创新的典型例子。

3.结构创新。结构创新是通过采用独特的方式组织公司的资产(包括硬件、人力或无形资产)来创造价值。它可能涉及从人才管理系统到重新进行固定设备配置等方方面面。结构创新的例子包括建立激励机制,鼓励员工朝某个特定目标努力,实现资产标准化以降低运营成本和复杂性,甚至创建企业大学以提供持续的高端培训。

4.流程创新。流程创新涉及公司主要产品或服务的各项生产活动和运营。这类创新需要彻底改变以往的业务经营方式,使公司具备独特的能力,高效运转,迅速适应新环境,并获得领先市场的利润率。流程创新常常是一个企业核心竞争力的重要组成部分。

5.产品性能创新。产品性能创新是指公司在产品或服务的价值、特性和质量方面进行的创新。这类创新既涉及全新的产品,也包括能带来巨大增值的产品升级和产品线延伸。产品性能创新常常是竞争对手最容易效仿的一类。

6.产品系统创新。产品系统创新是将单个产品和服务联系或捆绑起来创造出一个可扩展的强大系统。产品系统创新可以帮助公司建立一个能够吸引和取悦顾客的生态环境,抵御竞争者的侵袭。

7.服务创新。服务创新保证并提高了产品的功用、性能和价值。它能使一个产品更容易被试用和享用;它为顾客展现了他们可能会忽视的产品特性和功用；它能够解决顾客遇到的问题并弥补产品体验中的不愉快。

8.渠道创新。渠道创新是指将产品与顾客联系在一起的所有手段。虽然电子商务在近年来成为主导力量，但实体店等传统渠道还是很重要的，特别是在创造身临其境的体验方面。这方面的创新老手常常能发掘出多种互补方式，将他们的产品和服务呈现给顾客。

9.品牌创新。品牌创新有助于顾客和用户识别、记住你的产品，并在面对你和竞争对手的产品或替代品时选择你的产品。好的品牌创新能够提炼一种"承诺"，吸引买主并传递一种与众不同的身份感。

10.顾客契合创新。顾客契合创新是要了解顾客和用户的深层愿望，并利用这些了解来发展顾客与公司之间富有意义的联系。顾客契合创新开辟了广阔的探索空间，可以帮助人们找到合适的方式把自己生活的一部分变得更加难忘、富有成效并充满喜悦。

只选择一两种创新类型的简单创新不足以获得持久的成功，尤其是单纯的产品性能创新很容易被模仿、被超越。创新主体需要综合应用上述多种创新类型才能打造可持续的竞争优势。

二、创业的定义与类型

（一）创业的定义

创业的原意是"创立基业"或者"建功立业"。《辞海》对创业的解释就是"开创基业"。"创业"一词最早出现于《孟子·梁惠王下》，"君子创业垂统，为可继也"，将创建功业与一脉相承、流传后世联系起来。创业一词由"创"和"业"组成。"创"一般指创建、创新、创立、创造、创意。而"业"一般是指学业、业务、专业、就业、转业、事业，财产、家业等。由此可以看出，创业有丰富的内涵，不单单是创办企业。

对于创业，不同的学者从不同的角度出发有着不同的解释。有人认为，创业是创业者对自己拥有的资源或通过努力能够拥有的资源进行优化整合，从而创造出更大经济或社会价值的过程。还有人认为，创业是一种劳动方式，是一种需要创业者运营、组织，运用服务、技术、器物进行思考、推理和判断的行为。全球创业研究和创业教育的开拓者杰弗里·蒂蒙斯教授认为："创业是一种思考、推理和行为方式,这种行为方式是机会驱动、注重方法和与领导相平衡。创业导致价值的产生、增加、实现和更新,不只是为所有者,也为所有参与者和利益相关者。"当代管理大师彼得·德鲁克认为:"任何敢于面对决策的人都可能通过学习成为一个创业者并具有创业精神。创业是一种行为,而不是个人的性格特征。"创业是一种可以组织,并且是需要组织的系统性工作。

借鉴以上各种定义并结合现实创业实践内容,在这里可将开创新事业、扩大现有的生产规模或改变现有的经营模式都归结为创业。

(二)创业类型

随着创业活动的日益广泛,创业活动的类型也呈现出多样化的趋势。了解创业类型、比较不同类型创业活动的特点有助于我们更好地理解和开展创业活动。创业类型的划分方式很多,所依据的标准也不尽相同。在这里可以从不同的维度出发、以全面的视角看待创业,并对创业的类型进行划分。

1.依创业目的可分为机会型创业和生存型创业。机会型创业是指创业的出发点并非为了谋生,而是为了抓住和利用市场机遇。它以市场机会为目标,以创造新的需要或满足潜在需求为目标,因而会带动新产业发展。生存型创业是指为了谋生而自觉或被迫地创业,大多偏于尾随和模仿,因而往往会加剧市场竞争。

2.依创业起点可分为创建新企业和既有组织内创业。创建新企业是指创业者从无到有地创建全新企业的过程。这个过程充满机遇和挑战,但风险和难度也大,创业者往往缺乏足够的资源、经验和支持。既有组织内创业是指在现有组织内有目的的创新过程。以企业组织为例,可指公司由于产品、营销以及组织管理体系等方面的原因,在企业内进行重新创建的过程。

3.依创业者数量可分为独立创业和合伙创业。独立创业是指创业者独自创办自己的企业,其特点在于产权归创业者个人所有,企业由创业者自由掌控,决策迅速,但创业者要独自承担风险,创业资源整合比较困难,并且受个人才能限制。合伙企业是指与他人共同创办企业,其优势和劣势正好与独立创业相反。

4.依创业项目性质可分为传统技能型、高新技术型和知识服务型创业。

传统技能型创业是指使用传统技术、工艺的创业项目,如酿酒、饮料、中药、工艺美术品等。这些独特的传统技能项目在市场上表现出经久不衰的竞争力。高新技术型创业是指知识密集度高,带有前沿性和研究开发性质的新技术、新产品创业项目。例如,将航天等高新技术领域的成果实现产业化、形成新产品,微波炉进入千家万户就是最好的例子。知识服务型创业是指为人们提供知识、信息等内容的创业项目。当今社会,会计师事务所、工程咨询公司等各类知识性咨询服务机构不断细化和增加,这类项目投资少、见效快,竞争也日渐激烈。

5.依创业方向和风险可分为依附型、尾随型、独创型和对抗型创业。依附型创业可分为两种情况:一是依附于大企业或产业链而生存,在产业链中明确自己的角色,为大企业提供配套服务;二是特许经营权的使用。例如,利用知名品牌效应和成熟的经营管理模式,通过连锁、加盟等方式进行创业。尾随型创业即模仿他人创业,行业内已经有同类企业或类似经营项目,新创企业尾随他人之后,学着别人做。独创型企业是指提供的产品和服务能够填补市场空白。大到独创商品,小到商品的某种技术,如环保洗衣粉等。对抗型创业是指进入其他企业已经形成垄断地位的某个市场,与之对抗较量。

6.依创业方式可分为复制型创业、模仿型创业、安定型创业和冒险型创业。复制型创业是在现有经营模式的基础上进行简单复制的过程。例如,某人原本在一家化工品制造企业担任生产部经理,后来离职创立一家与原化工品制造企业相似的新企业,且生产的产品和销售渠道与离职前的那家企业相似。模仿型创业是一种在借鉴现有成功企业经验基础上进行的重复性创业。这种创业虽然很少给顾客带来新创造的价值,创新的成分也很低,但对创业者自身命运的改变还是较大的。例如,某软件工程师辞职后模仿别人开一家餐饮店。这种形式的创业具有较高的不确定性,学习过程长,犯错误的机会多,试错成本也较高。不过,创业者如果具有较高的素质,那么只要他得到专门的系统培训,注意把握市场进入契机,创业成功的可能性也比较大。安定型创业是一种在比较熟悉的领域所进行的不确定因素较小的创业。例如,企业内的研发团队在开发完成一项新产品之后继续在该企业内开发另一款新的产品。

这种创业形式强调的是个人创业精神的最大限度的实现,而不是对原有组织结构进行设计和调整。冒险型创业是一种在不熟悉的领域进行的不确定性较大的创业。这种创业除了对创业者具有较大的挑战并给其带来很大的改变外,其个人前途的不确定性也很高。通常情况下,那些以创新的方式为人们提供具有自主知识产权的新产品、新服务的创业活动便属于这种类型的创业。

7.依创业主体可分为个体创业和公司创业。根据创业活动主体的不同,创业还可划分为个体创业和公司创业。个体创业主要指不依附于某一特定组织而开展的创业活动。公司创业主要指在已有组织内部发起的创业活动,这种创业活动可以由组织自上而下发动,也可以由员工自下而上推动,但无论推动者是谁,公司内的员工都有机会通过主观努力参与其中,并在这种创业中获得报酬和得到锻炼。从创业本质来看,个体创业与公司创业有许多共同点,但是由于创业主体在资源、禀赋、组织形态和战略目标等方面各不相同,因而两者在创业的风险承担、成果收获、创业环境、创业成长等方面存在较大差异。两者的主要差异如下。

(1)个体创业:①创业者承担风险;②创业者拥有商业概念;③创业者拥有全部或者大部分权益;④从理论上说,创业者的潜在回报是无限的;⑤个体的一次失误可能意味着整个创业失败;⑥受外部环境波动的影响较大;⑦创业者具有相对独立性;⑧在过程和方向的改变上具有灵活性;⑨决策迅速;⑩低保障;⑪缺乏安全网;⑫在创业主意上可以沟通的人较少;⑬至少在创业初期存在有限的规模经济和范围经济;⑭严重的资源局限性。

(2)公司创业:①公司承担风险,但不是与个体相关的生涯风险;②公司拥有概念,特别是与商业概念有关的知识产权;③创业者或许拥有公司的权益,但可能只是一小部分;④在公司内,创业者所能获得的潜在回报是有限的;⑤公司拥有更多的容错空间,能够吸纳失败;⑥受外部环境波动的影响较小;⑦公司内部的创业者更多受团队的牵制;⑧公司内部的规划、程序和官僚体系会阻碍创业者的策略调整;⑨决策周期长;⑩高保障;⑪有一系列安全网;⑫在创业主意上可以沟通的人较多;⑬能够很快实现规模经济和范围经济;⑭在各种资源的占有上都有优势。

三、创业的过程与阶段

一般而言,创建新企业是一个充满挑战甚至非常痛苦的过程。在未知的不确定的情况下投入自己的积累对创业者来说其面临的压力可想而知。创业过程涉及许多活动和行为,但最重要的环节在于企业要与其最佳的市场机会相适应。换言之,创业过程主要是企业为实现其任务和目标而发现、分析、选择和利用市场机会的过程。按照时间顺序,创业过程可以分为分析市场机会、选择目标市场、设计市场营销组合和管理创业活动4个阶段。

(一)分析市场机会

分析市场机会是创业过程的核心也是创业管理的关键环节。通俗地说,市场机会是指未满足的需要。哪里有未满足的需要哪里就是市场机会。分析市场机会包括寻找发现市场机会和评估市场营销机会两个方面的活动。

1.寻找发现市场机会是企业分析市场机会的必要前提。寻找发现市场机会包括以下3种方式:第一,分析企业的营销环境,找出有利和不利的因素。企业要学会从宏观和微观的营销环境中及时识别市场机会,发觉其中的有利和不利因素;第二,广泛收集市场信息。建立完善的市场营销信息系统、开展经常性的调查研究工作是企业收集信息的重要途径。通过市场调研来寻找发现未满足的需要;第三,制造机会。制造营销机会在于能对营销环境变化做出敏捷的反应,善于在许多寻常事物中迸发灵感,巧于利用技术优势开发出新产品。

2.评估市场营销机会是企业分析市场机会的重要基础。市场营销机会是指对企业的营销具有吸引力的、企业在此能享有竞争优势和差别利益的环境机会。市场机会能否成为企业的营销机会要具备3个条件:第一,它是否与企业的任务和目标一致;第二,它是否符合企业的资源条件;第三,企业利用该机会是否能享有更大的差别利益。

(二)选择目标市场

选择目标市场是创业过程中面临的一个重要问题。任何企业都没有足够的人力资源和资金满足整个市场或追求过大的目标,只有扬长避短,找到有利于发挥本企业现有的人、财、物优势的目标市场,才不至于在庞大的市场中瞎撞乱碰。

选择目标市场主要包括以下4个步骤:第一,预测市场需求量。市场需求预测是在市场调研的基础上运用科学的理论和方法对未来一定时期的市场需求量及影响需求的诸多因素进行分析研究,寻找市场需求发展变化的规律。一般采用定性预测和定量预测两种方法;第二,市场细分化。是指通过市场调研,依据消费者的需要和欲望、购买行为和购买习惯等方面的差异把某一产品的市场整体划分为若干消费者群的市场分类过程。每一个消费者群就是一个细分市场,每一个细分市场都是具有类似需求倾向的消费者构成的群体;第三,市场目标化。在评估完各个细分市场后选择合适的细分市场作为目标市场;第四,市场定位。根据市场的竞争情况和企业的条件确定企业产品在目标市场上的竞争地位。具体地说就是在目标顾客的心目中为产品创造一定的特色,赋予一定的形象,以适应顾客一定的需要和偏好。

(1)设计市场营销组合:营销组合是企业的综合营销方案,即企业根据目标市场的需要和自己的市场定位对自己可控制的各种营销因素(产品、价格、渠道、促销等)进行优化组合和综合运用。设计市场营销组合主要以4P营销理论为依据。

4P营销理论是4个基本策略的组合:一是产品策略,主要是指企业以向目标市场提供各种适合消费者需求的有形和无形产品的方式来吸引消费者的方式;二是价格策略,是企业以按照市场规律制定价格和调整价格等方式来更好地影响企业的销售量从而获得最大利润的策略;三是渠道策略,主要是指企业以合理地选择分销渠道和组织商品实体流通的方式来实现其营销目标;四是促销策略,主要是指企业以利用各种信息传播手段刺激消费者购买欲望,促进产品销售的方式来实现其利润增长的手段。

(2)管理创业活动:管理创业活动包括计划、组织、执行和控制等一系列过程。计划是指制订支持创业的计划。组织是指协调所有创业人员的工作、同其他部门密切配合、组织创业资源的使用。执行和控制是指执行营销计划、利用控制系统降低风险以实现创业的目标。

四、创业的要素

创业是一项非常艰苦的事业,亦是一个复杂和复合的系统。创业需要多种条件、资源和要素。通常来说,创业包括3个关键要素,即机会、团队和资源。

(一)创业要素的内容

1.创业机会。创业机会往往是一个新的市场需求,或者是一个需求大于供给的市场需求,或者是一个可以开辟新产品的市场需求,这样的市场需求并非只有创业者认识到了,其他的竞争者也许会很快会加入竞争的行列。因此,并不是每一个创业者都需要付出行动去满足他。

2.创业团队。创业团队并不是一群人的简单组合,而是一个特殊的群体。它要求团队成员能力互补,拥有共同的愿景和价值观,通过相互信任、自觉合作、积极努力而凝聚在一起,并且团队成员愿意为共同的目标奉献自己,发挥自己最大的潜能。

3.创业资源。创业资源是指初创企业在创造价值的过程中需要的特定的资产,其中包括有形与无形的资产,它是新创企业创立和运营的必要条件,主要形式表现为人才、资本、机会、技术和管理等。

(二)要素之间的关系

有着"创业教育之父"美誉的杰弗里·蒂蒙斯在长期研究的基础上提出了创业要素模型——蒂蒙斯模型。蒙蒂斯模型在创业领域有着深远的影响。

首先,该模型简洁明了,提炼出创业的关键要素:机会、创业者及其创业团队、资源。这3个要素是任何创业活动都不可或缺的。没有机会,创业活动就成了盲目的行动,根本谈不上创造价值;机会普遍存在,没有创业者识别和开发机会,创业活动也不可能发生;合适的创业者把握住合适的机会,还需要有资源,没有资源,机会就无法被开发和利用。

其次,该模型突出了要素之间匹配的思想,这对创业来说十分重要。蒙蒂斯认为,在创业活动中不论是机会还是团队,或是资源,都没有好和差之分,重要的是匹配和平衡。这里说的匹配既包括机会与创业者之间的匹配也包括机会与资源之间的匹配。机会、创业者、资源之间的平衡和协调是创业成功的基本保证。蒙蒂斯说的这些道理虽然很简单,但对创业活动而言却非常重要,而且要真正做到也不是一件容易的事情。

最后,该模型具有动态特征。创业的三要素很重要,但不是静止不变的。随着创业过程的开展,其重点也会相应地发生变化。创业过程实际上是创业的3个因素相互作用,由不平衡向平衡发展的过程。成功的创业活动不仅要将机会、创业者及其创业团队、资源做出最适当的搭配,而且要使其在事业发展过程中始终处于动态的平衡状态。

五、创业精神与人生发展

创业精神是以创新、变革为核心的个性品质,也是推动社会经济变革、促进社会经济发展的重要力量。它既体现在创业者个体在创业实践活动中所表现出来的独特的市场判断能力、与众不同的行为方式,以及敢于冒险、敢于担当、百折不挠的意志品质等方面,也体现在一个国家或一个企业的技术创新、经营模式创新、管理制度创新、产业创新等方面。它既对个体的人生追求和事业发展具有重要影响,也对企业的发展、民族的兴旺和国家繁荣具有重要影响。

（一）创业精神

1.创业精神的概念。创业精神这个概念出现于18世纪,多年来,其含义在不断变化着。综合已有的创业精神的定义,我们这样界定创业精神:创业精神是创业者在创业过程中的重要行为特征的高度凝结,这种精神主要表现为敢于创新、勇担风险、团结协作、坚持不懈等。创业精神的基本内涵可以从哲学层面、心理学层面、行为学层面3个方面加以理解。从哲学层面看,创业精神是人们对创业行为在思想观念上的理性认识;从心理学层面看,创业精神是人们在创业过程中体现的创业意志和创业个性的心理基础;从行为学层面看,创业精神是人们在创业时所表现出的创业品质和创业素质的行为模式。

创业精神是创业者各种素质的综合体现,它集冒险精神、风险意识、效益观念和科学精神为一体,体现了创业者具有开创性的观念、思想和个性,以及积极进取、不惧失败和敢于承担等优秀品质。

创业精神不但是一种抽象的品质,而且是推动创业者创业实践的重要力量。这具体表现在以下3个方面:第一,创业精神能让创业者发现别人注意不到的趋势和变化,看到别人看不到的市场前景;第二,创业精神能让创业者在新事物、新环境、新技术、新需求、新动向面前具有较强的吸纳力和转化力;第三,创业精神能让创业者不断地寻找机遇、不断地追求创新、不断地推出新的产品和新的经营方式。

2.创业精神的来源。创业精神的形成与发展受相应文化环境、产业环境、生存环境等的影响。

(1)文化环境:创业本身是一种学习。创业者离不开现实文化环境。作为学习者,其所生活区域的文化就是学习的重要内容之一。因此,在一个商业文化氛围浓厚的地方,潜在的创业行动者容易培养创业精神。以温州为例,温州发达的商业文化传统孕育了当今温州商人的创业精神。

(2)产业环境:不同的产业环境会对创业精神产生影响。对于垄断行业而言,企业缺少竞争就容易抑制创业精神的产生。而在一个完全竞争的市场结构中由于企业间优胜劣汰、竞争激烈,就更有可能形成创业精神。

(3)生存环境:常言道"穷则思变"。从生存环境来看,资源贫瘠、条件恶劣的区域往往能激发人的斗志。从创业视角分析,在资源贫瘠的地方,人们为了改善生存状况而寻求发展机会、整合外界资源,进而催生创业念头、激发创业精神。

3.创业精神的特征。经济学家熊彼特专门研究了创业者创新和追求进步的积极性所导致的动荡和变化,将创业精神看作一种具有创造性和破坏性的力量。因为,创业者创造的"新组合"使旧产业遭到淘汰,原有的经营方式被全新的、更好的方式破坏。而管理学家德鲁克则将这一理念更推进了一步,他将创业者称作是主动寻求变化、对变化做出反应并将变化视为机会的人。

综观各个学派、各方人士对创业精神的理解,通过对古今中外创业者的创业活动和人格特征的深入分析,我们将创业精神的特征概括为以下几个方面。

(1)综合性:创业精神是由很多精神特质综合作用而产生的。比如,创新精神、拼搏精神、专一精神、进取精神、合作精神等都是创业精神的重要特质。

(2)整体性:创业精神是由哲学层面的创业观念,心理学层面的创业意志和行为学层面的创业品质构成的整体,缺少其中任何一个层面,都无法构成创业精神。

(3)先进性:创业精神体现在立志开创前无古人的事业,所以它必然具有超越历史的先进性,想前人之未曾想、做前人之未曾做。

(4)时代性:不同时代的人面对着不同的物质生活条件和精神生活条件,创业精神的物质基础和精神营养自然有所不同,创业精神的内容也就各不相同。

(5)地域性:创业精神还明显带有地域特色,例如,作为改革开放前沿的广东,其创业精神明显带有"敢为天下先""务实求真""开放兼容"和"独立自主"等特性。

4.创业精神的相关因素。

(1)创业精神与学历高低无关:无论是中学生、本科生还是博士生,只要其拥有创业精神,这种精神就不会因为学历的差距而有任何不同。

(2)创业精神与企业大小无关:不论是大型企业的老板还是便利店的老板,在开办企业时所需要拥有的创业精神都是一样的,并不会因为所创企业的大小不同使创业精神的本质有丝毫的区别。

5.创业精神的作用。创业精神能激起人们进行创业实践的欲望,是一种心理上的内在动力机制。创业精神在很大程度上决定着一个人是否敢于投身创业实践,它支配着人们对创业实践活动的行为和态度,并影响行为和态度的方向及强度。

创业精神能够渗透到3个广阔的领域并产生作用:个人成就的取得(个人如何成功地创建自己的企业)、大企业的成长(大公司如何使其整个组织都重新焕发创业精神,以具有更强的竞争力)和国家的经济发展(帮助人民变得富强)。创业精神的力量能够帮助个人、企业乃至整个国家或地区在面对竞争时走向成功和繁荣。当前,世界产业结构正经历着彻底转变,创业精神定会在我国发挥更大的作用,它有利于加快转变经济发展方式,促使经济社会又好又快发展。

6.创业精神的培育。

(1)培育创业人格:个性特征对个体创业来说是极其重要的,尤其是"独立性""敢为性""坚持性"等特征。所以,人格的教育对创业能力与创业精神的培养来说是相辅相成的。高校要根据大学生的心理特点有针对性地教授心理健康方面的知识,以引导大学生树立心理健康意识、强化心理素质、增强心理调节能力和对于社会的适应能力,自觉培养坚韧不拔的意志品质和艰苦奋斗的内在精神,提高承受挫折和解决问题的能力。此外,还可以通过剖析创业者的人格特征、进行心理训练等让学生了解形成良好心理素质与优秀人格特征的途径。

(2)培养创新能力:创新能力是创业精神的核心,高校必须突出对学生创新能力的培养。一定要尊重学生的个性发展、爱护和培养学生的好奇心,为学生潜能的充分开发营造出一种宽松的氛围。鼓励学生勇于突破,有针对性地突破前人、突破书本、突破老师。通过开设创新创造类课程、举办主题知识技能竞赛让学生感受、理解创新的产生和发展过程,培养学生的创新思维和科学精神。

(3)宣扬创业文化:校园文化是学生成才的外部环境,对于学生来说它具有陶冶、激励和导向功能。高校应将创业精神有机地融入学科活动、科技活动等活动中,以培养学生的创业精神。高校可经常邀请成功的企业家或成功的校友来学校做报告,增强大学生对于创业的信心,利用他们的激情感染学生,成为鼓励学生创业的榜样。

(4)强化创业实践:鼓励学生在课余时间参加一些创业模拟和社会实践活动,增强学生对企业的了解以及对社会的适应能力。比如,在校内外开展创业竞赛活动、与外部企业联合开展学生的实习、见习等。"纸上得来终觉浅,绝知此事要躬行。"让学生在实践中磨炼自己,形成正确的创业认知,孕育创业精神和增强解决问题的能力。

(二)创业精神对个人生涯发展的影响

创业精神并不是与生俱来的,而在于后天的学习、思考和实践。创业精神一旦形成就会对人的一生产生重要的影响。这种影响不仅体现在创业活动中,还体现在日常的工作、学习和生活中。从某种意义上说,创业精神不但决定个人生涯发展的态度,而且决定个人生涯发展的高度和速度。

1. 创业精神决定个人生涯发展的态度。作为一个社会人,其生涯发展必然要受到各种社会因素的影响。但是,不同的人由于其生涯发展的态度不同,所以在面临各种各样的发展机遇时其选择也不相同。而创业精神作为一种思想观念、个性心理特征和行为模式的综合体,必然会对其生涯发展态度带来影响。例如,创业精神中思想观念的开放性、开创性容易让人接受新思想、新事物,形成开放的态度,敢于开风气之先,从而想他人未曾想,做他人不敢做,成为事业上的领跑者。再如,创业精神中的创新精神、拼搏精神、进取精神、合作精神等能使人树立积极的生活态度,在顺境中居安思危、不懈奋进,在逆境中不消沉萎靡,排除万难、励精图治,重新找到生涯发展的方向。有道是"态度决定一切",在相同的个人天赋和社会环境下,有创业精神的人有着比其他人更加积极的人生态度,所以更有可能发现机会、把握机会,就更有可能看到别人不能看到的风景。

2. 创业精神决定个人生涯发展的高度。创业精神是一个人核心素质的集中体现,它不仅决定了一个人在机遇面前的选择,而且决定了一个人的生涯目标和事业追求。具有创业精神的人无论是创办自己的企业还是在各种各样的企事业单位就业都会志存高远、目光远大、心胸宽广。这样的人不但在事业上会取得更大的成绩,在个人品德和修为上也会达到更高的境界。

随着国家经济、政治、文化、社会、生态"五位一体"改革的深入,社会结构将发生重大调整,各行各业将在变革中重新达到利益均衡,这既为个人的发展提供了更多的机会,也给其带来了更大的挑战。在这种背景下,大学生如果能够有意识地培养自己的创业精神,让个人理想与社会发展的趋势和节奏相吻合,就有可能使自己的事业发展达到计划经济时期无法想象的高度。但是,大学生如果在个人生涯发展上仍然沿袭计划经济时期的思维模式,不去主动规划自己的生涯,一切等着家长、学校和政府安排,一心想找个安稳、轻闲的"铁饭碗",就很有可能一辈子也找不到理想的工作,甚至毕业就"失业"。

3. 创业精神决定个人生涯发展的速度。创业精神是一种主动精神和创造精神,这种精神能让人积极主动、优质、高效地做好自己承担的每一份工作,从而在平凡的岗位上做出不平凡的成就。实践证明,具有创业精神的人不管在什么岗位,不管从事什么职业,其强烈的成就动机,其追求增长、追求效率的欲望,都将转化为内心强劲的追求事业成功的动力。在这种动力驱使下人们会将眼前的工作作为未来事业发展的起点,把握好生命中的每一个机会,做好自己从事的每一项工作。创业精神也是一种求真务实的精神。这种精神的本质就是实事求是、讲求实效,就是实干苦干、反对浮夸、反对空谈。在人类社会的发展史上,许多企业家正是凭借这种精神创造了从白手起家到富可敌国的财富神话;许多科学家、思想家、政治家、教育家和劳动模范也正是凭借这种精神从一个普通学子成长为举世瞩目的业界精英。当前,我国正处于改革开放的攻坚时期,改革是一条从未有人涉足过的路,所以既不能在书本中找到答案,也无法从前人的经验中寻找固定的模式,更不能靠空想和辩论来解决出路问题。在这种背景下,富于创业精神的人,敢于靠自己的实践探索,"摸着石头过河",会接受更多的挑战,完成更多的任务,取得更大的业绩,因而会取得更快的发展。

第二节 大学生心理健康教育

人体健康是心理健康和生理健康的统一,两者是相辅相成、互相依存的关系。生理健康是心理健康的基础,反过来心理健康又促进生理健康。众所周知,当身体生病时,人往往会情绪低落、萎靡不振或烦躁不安,影响工作和学习;而心理不健康往往会导致冠心病、高血压、糖尿病和癌症等严重疾病,还会使人的社会适应能力遭到破坏,甚至无法进行正常的家庭生活和社会生活。

一、健康与心理健康

(一)健康

1.健康观的演变。健康既是人们熟悉和关切的话题,又是一个久远和丰富的概念。我国最早的中医典籍《黄帝内经》中有内外因的病理学说:外因

（风、寒、暑、湿、燥、火）、内因（喜、怒、忧、思、悲、恐、惊）。古希腊医生希波克拉底认为健康是指身体内四种体液（血液、黏液、黑胆汁、黄胆汁）的平衡，疾病是人身体内体液不平衡造成的，他主张采用调节饮食、使用药物及其他非巫术的方法来恢复体液平衡、治疗疾病。

进入近代社会，人们普遍认为"身体无病无残，体格健壮不弱"就是健康。这种"无病即健康"的观念一直为许多人所持有，并且影响了医疗保健和卫生政策。

20世纪，随着科学文化和社会的不断发展，传统的生物医学模式开始向"生物—心理—社会"医学模式转变。1948年世界卫生组织（WHO）在宪章中指出，健康不仅是没有疾病，而且是一种躯体、心理和社会适应方面的完满状态。1978年，世界卫生组织在世界初级卫生保健（PHC）大会发表的《阿拉木图宣言》中重申："健康不仅是疾病或体虚的匿迹，而且是身心健康、社会幸福的总体状态，是基本人权达到尽可能高的健康水平，是世界范围的一项最重要的社会性目标。而其实现则要求卫生部门及社会与经济各部门协调行动。"1995年世界卫生组织西太平洋地区委员会在《健康新地平线》中提出了健康的3个主题：生命的准备、生命的保护、晚年的生活质量。

2.现代健康的概念及标准。世界卫生组织给健康下的正式定义是："健康是指生理、心理和社会适应都能保持良好的状态，而不仅仅是指没有疾病或体质健壮。"同时，为了加深人们对健康的认识，世界卫生组织还明确提出了健康的10条标准：①有足够充沛的精力，能从容不迫地应付日常生活和工作压力，不感到过分紧张；②处事乐观，态度积极，勇于承担责任，不论事情大小都不挑剔；③善于休息，睡眠良好；④能适应外界环境的各种变化，应变能力强；⑤能够抵抗一般性的感冒和传染病；⑥体重适当，身材匀称，站立时，头、肩、臂的位置协调；⑦反应敏锐，眼睛明亮，眼睑不发炎；⑧牙齿清洁，无空洞、无痛感、无出血现象，齿龈颜色正常；⑨头发有光泽，无头屑；⑩肌肉丰满，皮肤有弹性。

可见，健康包括生理健康和心理健康两个方面，人体健康是生理健康和心理健康的统一。

(二)心理健康

1.心理健康的含义。古今中外的心理学家们进行了长期的艰苦探索,对心理健康的含义给予了不同表述。

心理学家英格里希指出,心理健康是指一种持续的心理状态,当事者在该状态下有良好的适应能力,具有生命的活力,而且能充分发挥其身心的潜能,这乃是一种积极的状态,不仅仅是免于心理疾病而已。

精神病学家孟尼格尔认为,心理健康者应能保持稳定的情绪、敏锐的观察力、适于社会环境的行为和愉快的心态。

社会工作者波姆指出,心理健康是合乎一定水准的社会行为:一方面能为社会所接受,另一方面能为自身带来快乐。

国际心理卫生大会(1946年第三届)指出,心理健康是指在身体、智能以及情感上能保持同他人的心理不相矛盾,并将个人心境发展成为最佳的状态。

虽然人们所站的角度不同,对心理健康的理解有一定的差异,但都比较倾向性地认为,心理健康是指生活在一定的社会环境中的个体,在高级神经功能正常的情况下,智力正常、情绪稳定、行为适度,具有协调关系和适应环境的能力及特性。

2.心理健康的标准。

(1)国内外的心理健康标准:心理健康标准问题是个一直受到人们关注的问题,许多专家对此都有过研究和论述。

1946年第三届国际心理卫生大会曾把心理健康的标准拟定为:①身体、智力、情绪十分调和;②适应环境,人际关系中能彼此谦让;③有幸福感;④在工作和生活中能充分发挥自己的能力,过有效率的生活。

第一,美国著名的心理学家马斯洛和米特尔曼在20世纪50年代初提出了心理健康的10条标准:①有充分的自我安全感;②能充分了解自己,并能恰当估量自己的能力;③生活理想切合实际;④不脱离周围现实环境;⑤能保持人格的完整和谐;⑥善于从经验中学习;⑦保持良好的人际关系;⑧能适度地宣泄情绪和控制情绪;⑨在符合团体要求的情况下能有限度地发挥个性;⑩在不违背社会规范的前提下能适当地满足个人的基本需求。

第二,中国多数学者认为心理健康的标准是:①智力正常。一般智商在80以上,这是人们学习、生活与工作的基本智力条件,也是适应周围环境变化所必需的心理保证;②情绪健康。其标志是情绪稳定和心情愉快。包括的内容有乐观开朗、富有朝气,对生活充满希望;情绪较稳定,善于调节与控制自己的情绪;情绪反应与环境相适应;③意志健全。在各种活动中都有自觉的目的性,能适时地做出决定并运用切实有效的方法解决所遇到的问题;在困难和挫折面前,能采取合理的反应方式;能在行动中控制情绪和行为,而不是盲目行动、畏惧困难、顽固执拗;④人格完整。人格指的是个体比较稳定的心理特征的总和。人格完整就是指有健全统一的人格,即个人的所想、所说、所做协调一致。具有正确的自我意识,能以积极进取的人生观作为人格核心,并以此为中心把自己的需要、目标和行动统一起来;⑤正确的自我评价。正确的自我评价是心理健康的重要条件。个人要学会自我观察、自我认定、自我判断。能做到自尊、自强、自制、自爱。正视现实,积极进取;⑥人际关系和谐。表现为乐于与人交往,能用尊重、信任、友爱、宽容、理解的态度与人相处,能分享、接受和给予爱和友谊,与集体保持协调的关系;⑦社会适应正常。个体和客观现实环境保持良好的秩序。个体能客观地认识现实环境,以有效的办法应对环境中的各种困难,能根据环境的特点和自我意识的情况努力进行协调,或改善环境以适应个体需要,或改造自我以适应环境;⑧心理行为符合年龄特征。不同年龄有不同的心理行为,心理健康者应具有与多数同龄人相符合的心理行为特征,如果严重偏离,就是不健康的表现。

（2）运用心理健康标准的注意事项:值得注意的是,心理健康的标准是相对的。我们在理解和运用心理健康的标准时应注意以下几点。

第一,一个人是否心理健康与一个人是否有不健康的心理和行为并非完全是一回事。判断一个人的心理健康状况,不能简单地根据一时一事下结论。心理健康是较长一段时间内持续的心理状态,一个人偶尔出现一些不健康的心理和行为,并非意味着这个人就是心理不健康(或心理变态)。

第二,人的心理健康水平可以分为不同的等级,是一个从健康到不健康的连续状态,从健康状态到不健康的状态之间有一个较长的过渡阶段。一般来说,心理正常与异常并无确定的界线,只是程度的差异而已。

第三,心理健康状态并非是固定不变的,而是一个动态的变化过程。既可能从不健康转变到健康,也可能从健康转变为不健康。随着人的成长、经验的积累、环境的改变,心理健康状况也会有所变化。因此,心理是否健康只能反映一个人某一段时间内的固定状态,并不是他一生的状态。

第四,心理健康的标准无论是哪种表述都是一种理想的尺度。它不仅为我们提供了衡量是否健康的标准,而且为我们指明了提高心理健康水平的努力方向。

第五,个体心理健康的基本标准是能够有效进行工作、学习和生活。如果正常的工作、学习和生活难以维持和保证,就应该引起注意,及时调整自己。

二、大学生心理健康概述

(一)大学生心理发展特点

青年期是一个人朝气蓬勃走向独立生活的时期,是一个人开始决定自己生活道路的时期。处在青年期的大学生的心理状态迅速成熟但还未真正成熟,在他们心理活动的各个方面都有明显的体现,并形成了有别于一般青年心理发展的基本特点。

1.自我意识增强但"自我统和"能力差。自我意识是指人对自身的认识及对周围事物关系的各种体验,它是认识、情感、意志的综合体,是人心理发展过程中一个极为重要的方面。自我意识的发展与年龄有关,而且与人的知识水平有关,大学时代是人真正认识自我的时期。[1]青年大学生随着对外界认识的不断提高,生活经验的不断丰富,开始关注自己的内部世界,迫切要求了解自己和发展自己,出现了主我与客我、理想自我与现实自我的分化,力图从理想与现实的关系中把握自己、认识自己,以追求自我完善。虽然大学生的自我意识明显增强,但由于他们生活阅历有限,与现实社会有一定的距离,社会实践能力不强造成了他们的自我意识在自我认知、自我体验等方面出现偏差。在自我认知方面表现为过强的自尊心和自卑感;在自我体验方面表现为过度的

①刘凤娟.康德哲学中的自我意识与自我认识[J].南阳师范学院学报,2015,14(11):5.

自我接受和自我拒绝。"自我统和"是青年心理发展的必经历程,顺利完成"自我统和"是青年期发展的关键。如何建立对自我的正确认识是青年期大学生常遇到的心理问题。

2.抽象思维迅速发展但缺乏成熟的理性思考。由于大脑机能的不断增强、生活空间的不断扩大、社会实践活动的不断增多,大学生的认知能力获得了长足的发展。这个时期他们的感觉和知觉灵敏度、记忆力、思维能力增强,逻辑抽象思维能力逐步占主导地位,通过分析、综合、抽象、概括、推理、判断来反映事物的关系和内在联系,并能从一般的逻辑思维向辩证思维过渡,更多地利用理性思维,而且思维的独立性、批判性、创造性都有显著提高。但他们抽象思维的水平并没有达到完全成熟的程度,思维品质发展不平衡,思维的广泛性、深刻性、敏感性发展较慢,尤其在运用唯物辩证法观点和理论联系实际观点看问题时显得理性不足,往往把问题看得过于简单而陷入主观片面和"想当然"的境地,这就难免出现"连当代最伟大的政治家都认为是非常棘手的问题,在大学生看来却易如反掌"的情况。

3.情感日益丰富但易偏激。青年心理学之父霍尔认为,青年期最主要的心理特点是动摇、起伏,出现一些非常显著的相互对立的冲动,他称之为"狂风暴雨的时期"。大学生正值青年时期,丰富多彩的大学生活使其情感日趋复杂,情感表现具有强烈跌宕、不协调的特色,因而大学时代是体验人生情感最强烈的时代。这种强烈情感的内容随着知识经验的增多、生活空间的扩大、业余生活的丰富、自我意识的增强而日臻多姿多彩。大学生富有理想、兴趣广泛、关心时政、激情澎湃,总之他们的情感日渐丰富且迅速向深度广度发展。但由于大学生对社会的复杂性、自己欲望行为的合理性缺乏足够的正确认识,加之他们风华正茂、精力旺盛、自尊感强烈而敏锐,又比较"较真",情绪容易产生较大的波动甚至表现为两极性,所以他们常常成为情感的俘虏。

4.交往欲望强而心理闭锁。对处于青年期的大学生而言,人际交往是其自我意识成熟的重要途径,人际关系直接影响其适应能力和发展状况。大学时代是既渴望友情又追求孤独的时代,大学生在整个大学时代都渴望与他人建立起亲密关系以满足感情上的需要。然而,许多大学生对人际关系的追求往往带有较浓的理想色彩,以友谊的理想模式为标准来衡量生活中的人际关系,导致高期望值与高挫折感并存。由于相当多的学生存在着多方位的逆反心态,缺乏与同学的基本合作精神和宽容精神,缺乏人际间必要的信任和理解,加之交往方式欠妥、交往能力有限和人格缺陷等原因,容易导致其交往失败。长期的交往失败,使一些大学生把交往看成是一种负担,渐渐地造成心理上的闭锁,长此以往就会滋生一种难以名状的孤独感。大学生的这种状态与随着生活空间的扩大而出现的强烈的交往需要便构成了一对难以调和的矛盾。

5.性意识发展但易导致性心理失衡。所谓性意识一般指对性的理解、体验和态度。到了青年期,大学生的身体发育几近成人,尤其是性机能的成熟促使大学生性意识的觉醒,产生对异性的爱慕且爱慕之情越来越强烈。与此相适应的感情欲望也逐渐增强,他们渴望与异性交往,追求美好的爱情。大学的学习、生活环境客观上为他们的交往提供了更多的机会和更多的自由。这一时期的男女交往极其敏感、容易冲动,常表现为激情。但性道德、性法律、校纪校规的约束容易造成性心理失衡,出现诸如性认知的偏差、性欲困扰、性焦虑等一系列的心理问题,影响大学生正常的学习和生活。因此应特别注意将性科学知识教育和伦理道德教育结合起来,使大学生性意识的发展走上健康发展的轨道。

从大学生的心理特点可以看出,大学生正处于迅速走向成熟,但又未达到真正成熟的阶段,这种情况既存在积极的一面又存在消极的一面,因而在心理发展中就难免出现许多矛盾和冲突,诸如独立性与依赖性的矛盾、强烈的求知欲与识别能力低的矛盾、情感与理智之间的矛盾、理想与现实的矛盾等。但是,大学生正是在解决矛盾、冲突的过程中才逐步走向成熟的。

(二)大学生心理健康标准

根据大学生的心理特征、大学生特定的社会角色的要求以及心理健康学的基本理论,大学生心理健康的标准可以概括为以下8条。

1.能保持对学习有浓厚的兴趣和求知欲望。学习是大学生活的主要内容,心理健康的学生都会珍惜学习机会,求知欲望强烈。能克服学习中的困难,学习成绩稳定;能够保持一定的学习效率,并从学习中体验到满足与快乐。

2.能协调和控制情绪、保持良好的心境。积极乐观的情绪和良好的心境是心理健康的重要标志。心理健康的大学生心胸开阔、从容乐观、热爱生活、乐于进取,虽然也有悲、忧、哀、愁等消极体验,但积极情绪总是多于消极情绪,具有理智感、责任感、幽默感,善于调节和控制自己的情绪,急而不躁,喜而不狂,忧而不绝,胜而不骄,败而不馁,持续稳定保持愉快、满意、开朗的心境。无论是处于顺境还是逆境,都能随遇而安,积极寻找事业的乐趣,发现生活的光明面。

3.意志健全且能经受住各种挫折和磨炼。心理健康的大学生,学习、生活有明确的目标和追求,敢想、敢说、敢干,勇于开拓进取,在意志行动中有主见、有恒心、专心致志,遇到外界干扰和诱惑不为所动。经常的盲目性和软、懒、散状态,都是意志不健全的表现。

4.人际关系和谐、乐于交往。人际关系状况最能体现和反映人的心理健康状况。心理健康的大学生热爱生活、乐于交友、善于与人相处;既能容人之短,也能容人之长,能正确处理互助和竞争的关系;能与他人同心协力合作共事,乐于助人,有较强的同情心和道德责任感,因而能被他人和集体所悦纳和认同。相反,疑心重重、妒贤嫉能、尖酸刻薄、自私自利、孤芳自赏、与集体格格不入均属于不健康心理。

5.正确的自我意识。正确的自我意识是心理健康的重要条件。心理健康的大学生都能以客观的态度去认识、评价自己和周围的世界,既不是自视清高、妄自尊大,也不是自轻自贱、妄自菲薄,而是在行动上自律、评价上自省、心态上自控、情感上自悦。他们认识到理想自我与现实自我的差距,并保持基本满意的态度。他们善于从客观环境中吸取有价值的信息以充实自己、完善自己,并恰当地进行自我评价和自我调节,有效地控制自己的行为。

6.适度的行为反应。适度的行为反应是指个体对外界环境和事物的反应既不过敏也不迟钝。在生命发展的不同年龄阶段都有相应的心理行为表现,从而形成不同年龄阶段独特的心理行为模式。心理健康的大学生有正常的行为反映,在认识、情感、言行、举止等方面都符合他所处的年龄段的要求,他们充满青春活力、朝气蓬勃、勤学好问,能创造性地处理问题。过于老成、过于幼稚、过于依赖他人都是心理不健康的表现。

7.完整统一的人格品质。人格指人的整体精神面貌。人格完整指人格构成要素的气质、能力、性格、理想、信念和人生观等各方面平衡发展,有一定的连贯性和稳定性。心理健康的学生所思、所说、所做是协同一致的,具有积极进取的人生观,能把自己的需要、愿望、目标和行为统一起来,无双重人格,不为私欲背弃信念和良心,不搞阳奉阴违、口是心非。

8.积极的社会适应力。心理健康的大学生能和社会保持良好的接触,对社会现状有较清晰的认识,思想、信念、目标和行为能跟上时代发展的步伐,与社会要求相符合,为社会所接纳。一旦发现自己的愿望和需要与社会的希望和需要发生矛盾、冲突时,能迅速调整自己对现实的期望和态度,以谋求与社会的协调一致;而不是逃避现实,或与之背道而驰。

(三)大学生常见的心理健康问题

1.学业问题。进入大学里,随着环境的改变,许多大学生出现学业问题。中学教师总是把大学描绘成一个"人间天堂",学生也将考大学作为唯一和最终的目标来激励自己。但跨入大学校园后就会发现事实并非如此,一部分学生发觉身处高手如云的新集体,昔日那种"鹤立鸡群"的优越感荡然无存,失落感油然而生;另有一部分学生表现出对专业学习的困惑。与中学相比,大学学习更具有自主性、灵活性和探索性。有些学生感觉突然从中学的严格管教中"松绑",但又不知如何安排学习,以致心中忧郁、焦虑,学习压力大。于是许多大学生出现学习动力不足、学习目的不明确、学习动机功利化、学习成绩不理想、学习困难等学业问题。

2.情绪问题。

(1)抑郁:以个体心中持久的情绪低落为主,常伴有身体不适、睡眠不足等,心情压抑、沮丧、无精打采,懒于参加任何活动。

(2)情绪失衡:大学生的社会情感丰富而强烈,具有一定的不稳定性与内敛性,表现为情绪波动大。

3. 人际关系问题。

（1）人际关系不适：进入大学就远离了熟悉的生活与学习环境，面对新的人际群体有部分学生显得很不适应。

（2）社交不良：部分学生缺乏在公众场合表达自己思想的能力与勇气，面对各种各样的活动充满了兴趣，却又担心失败，只是羡慕但积极参与的不多，久而久之就开始回避参与，感叹"外面的世界很精彩，外面的世界很无奈"。

（3）个体心灵闭锁：学生从出高中校门到进入大学校门，缺乏人际交往经验，而在人际交往中的不自信又不利于增加自身的人际魅力，妨碍了良好的人际交往圈的形成。与此同时，由于个体间的正常的交往不够，又易引发猜疑、妒忌等，不利于学生的健康成长。

4. 情感问题。爱情、友情、亲情是学生情感方面的3个重要问题，即爱情的困扰、友情的缺失、亲情的疏离。

5. 性心理问题。大学生处于青年期，性发育成熟是重要特征，恋爱与性问题是不可避免的。一般包括单相思、恋爱受挫、恋爱与学业关系的问题、情感破裂的报复心理等。而性心理问题常见的有手淫困扰以及由婚前性行为、校园同居等问题引起的恐惧、焦虑、担忧等。

6. 特殊群体学生的心理健康问题。特困生与普通生相比，更多地出现自卑而敏感、人际交往困难、身心疾病突出和问题行为较多的状况。尤其是"双困生"，学业成绩不理想，家庭经济又很困难，心理负担很重。再如，"网络生"上网成瘾，甚至形成依赖，或陷入网恋不能自拔，并引发种种问题行为。

7. 大学生活适应问题。生活能力弱、自立能力弱的情况普遍存在或大学生对挫折的心理承受力弱。

8. 就业问题。陈旧的就业观念使得大学生对未来感到惶惑。目前，相当一部分大学生在就业上存在以下问题。

（1）好高骛远、不切实际：有的大学生眼高手低，既没有较强的能力也没有艰苦奋斗的精神，却一味期望找到薪水高、待遇好的职位。

（2）求稳怕变、贪图安逸：不了解与自己个性能力相匹配的职业领域，对面试缺乏自信；过于追求平稳的生活，害怕竞争，缺乏走向社会的心理准备。

(四)影响大学生心理健康的因素

1.大学生个体心理因素的影响。

(1)认识上的不足:在大学阶段青年学生不断反省自我、探索自我、思考人生,经历着种种内心自我评价与认知的矛盾和迷惘,容易诱发心理障碍。

(2)人格的缺陷:性格过于内向、心胸狭窄、过于计较、孤僻封闭、自卑忧郁、急躁冲动、固执多疑、爱慕虚荣、娇生惯养和感情脆弱的人都比个性开朗大度、乐观的人更易患心理疾病。

(3)意志品质差:相当一部分大学生自制能力差,对挫折缺乏必要的承受能力,惧怕失败。一遇到困难就自责自怨或一味埋怨社会和他人,灰心失望、精神不振,由此造成恶性循环,而陷入消极的心理状态。久而久之就形成了心理疾病。

(4)情绪发展的不稳定性:大学生的情绪处在最富动荡和最复杂的时期,鲜明的特征是情绪的两极性。情绪起伏过大、左右不定,而缺乏对事物的客观判断;强烈的情感需求与内心的闭锁,情绪激荡而缺乏冷静的思考,极易走向极端,使他们常常体验着人生各种苦恼。由此内心产生矛盾冲突而诱发各种心理障碍。

(5)性的生物性与社会性的冲突:大学阶段,人的生理发育基本成熟,性机能的发展产生了性的欲望与冲动,但受社会道德习俗、法律和理智的约束,这种欲望常被限制和压抑。大多数学生可以通过学习、娱乐、社交等途径使生理能量得到正当释放、升华或补偿,但有一部分学生不能正确处理调节,存在性压抑,而出现焦虑不安感,甚至以某种变态的形式表现出来。

2.大学学习任务和特殊环境对心理健康的影响。大学生主要任务是学习,有限的时间内要完成繁重的学习任务,心理压力很大。同时,如果他们所处的生活环境(校园)不理想也会影响其心理健康。因此,近年来,校园文化建设这一课题受到多方重视。

(1)学习负担过重:相当一部分学生每天学习时间达10小时以上,睡眠时间严重不足。学习是一项艰苦的脑力劳动,长期学习负担过重使大脑过度疲劳,大脑皮层活动机能减弱,注意力、记忆力、思维力、想象力受到限制而影响学习效率。学习负担过重与课程设置不合理、学生学习贪多求全、自我期望过高、家长及外界压力过大、学校引导不利等因素有关。

（2）专业选择不当：因对大学专业设置不太了解，学生高考选择专业具有一定盲目性，所以每年都有一些学生由于种种原因对所学专业不满意，认为其不符合个人的兴趣和爱好，从而产生调换专业的想法。一旦该问题解决不了就情绪化，表现出对学习无兴趣、情绪低落、消极悲观、随意缺课，长此下去会使心理矛盾强化，导致神经衰弱等心理疾病。其实专业兴趣是可以培养的，即使现在所学专业确实不能发挥自己的长处，今后还有多次选择的机会。

（3）不适应大学生活：从中学到大学环境改变很大，无论是学习方面还是生活方面乃至人际关系，都需要重新适应。比如，学习方面，中学老师讲得多，而大学要培养自学能力；生活方面，中学时受父母照顾多，而大学要培养自理能力。从心理适应讲，中学的优秀学生周围充满着赞扬声，优越感强，但到大学里优秀学生云集，自己原有的优势不明显，学习上遇到一点挫折就容易产生消极的自我评价而导致情绪低落。

（4）业余生活单调：大学生活仍然可以用"三点一线"来概括，学生的生活环境主要是教室、食堂、宿舍，生活相对单调，缺少足够的娱乐场所。而青年人处在长知识、长身体的阶段，好奇心强，精力充沛，对业余生活的多样化需求迫切，但常常得不到满足，因而缺乏生活的乐趣。

3.社会环境对大学生心理健康的影响。由于社会历史发展的曲折性，当前经济体制、人事制度发生跨时代的变革，人们思想理念、利益分配、生活方式也产生剧变，当代大学生成为这些变革压力的直接承受者。一些学生反映，"难以适应社会变革""社会竞争激烈，就业前途未卜""经济难以负担"。据江西某高校对34名贫困生心理健康状况的调查，贫困生中存在心理问题的占41.17%，比普通学生高13.1个百分点。

腐败现象、拜金主义、享乐主义等不良社会风气以及下岗、就业困难等社会问题都对大学生的心理健康产生许多的负面影响。加上学校周边环境恶劣，有的学校被网吧、酒吧等娱乐场所包围，学生深受其害。

陈旧的人才观念和功利目的过强的教育体制,即把高等教育看成是"身份"教育,也给大学生的心理健康造成了负面影响,一些教师和家长甚至把"只要上大学,什么都有了""你们今天读得苦,上大学就轻松了"等思想灌输给学生。一位来自边远山区农村的大学生为自己的"理想"难以实现而苦恼不堪:他是村里第一个大学生,乡亲们和家人都认为他考上大学意味着"永远离开了锄头把",要"做大事、当大官、挣大钱",他也认为只有这样才对得起自己十多年的寒窗苦读,但他现在就读的不是名牌大学,也不是热门专业,将来要有所成就困难重重。在清楚这一现实后他非常沮丧,精神几近崩溃。

总之,大学生心理问题与心理障碍产生的原因是多方面的,生物因素、心理因素、社会因素常常交织在一起,互相联系、互相作用、互相制约,某些先天因素的不健全加上不良社会文化环境影响所造成的大学生心理发展中的异常状态,容易导致心理疾患。因此,保持和维护心理健康也应该从多种渠道入手。

三、大学生心理健康教育

(一)大学生心理健康教育的意义

心理健康教育是指教育者根据人的心理活动规律,有目的、有计划、有组织地采取各种方法和措施,促进人的身心健康和发展,提高人的适应能力和生活质量的活动。大学生心理健康教育工作是适应社会发展的需要,是新形势下全面贯彻党的教育方针、实施素质教育的重要举措,是促进大学生全面发展的重要途径和手段。

1.变化的社会需要适应变化的个体。自20世纪70年代末以来,外来文化严重冲击我国传统文化的根基和当时计划经济为主导的社会制度,震撼着人们长期构筑的精神世界,造成一部分人认知失调和行为失范。同时改革开放使社会变迁速度明显加快,生活方式日益更新,日趋激烈的竞争在给人以机会展示潜能的同时也增加了人们对环境的不适应感、失败感和恐惧感。心理冲突和心理异常同社会变革的激烈程度成正比。人在沉重的心理负荷之下最容易罹患各种各样的心理疾病。大学生正处于自我意识及人生观形成与稳定的关键时期,心理教育更具有重要的现实意义和实践意义。

2.心理健康教育是高等教育的内在要求。高等教育的培养目标要求大学生应具有以下符合时代要求的基本素质:建设中国特色社会主义的坚定信念和开拓精神,迎接现代经济科学技术挑战所选择、获取、吸收新知的意识和能力,适应现代化建设和社会改革要求的现代思想观念和思维方式,基本的文明素质和审美能力,参加社会实践的自觉性和必要的社会活动能力。

首先,从上述培养目标来看,高等教育培养的人才既是社会主义的建设者又是全面人格发展的接班人。心理素质是渗透在各个方面的,只有心理、情感、意志水平得到平衡发展才能达到上述要求,才符合我国现阶段的培养目标。

其次,从大学教学过程来看,高等教育在教育任务、教育对象和教育内容几方面有不同于基础教育的显著特点。它的任务在于把大学生教育、培养为独立认识世界与改造世界的主体。大学教学过程中始终贯穿着3个特点:明确的专业目的性,或称职业倾向性;对大学生学习的创造性与独立性有更高的要求;把科学研究引进教学过程。

因此,健康的心理素质是高等教育目标的组成部分之一。高等教育不但有外在的政治价值和经济价值,而且要为培养全面发展的人服务,为人的自身发展服务。心理健康教育既体现高等教育的这两重价值,又与大学教学过程的本质、特点密切相关,是高等教育培养目标的内在要求。

3.心理健康教育对大学生个体成长的作用。心理健康教育不仅是社会历史发展对学校教育提出的客观要求,而且也是大学生个体成长的内在要求。

(1)心理健康教育可以预防心理疾病:大学生的心理疾病的范围较广,且心理健康与不健康是相对的。大学生在日常生活中因某种原因出现的暂时的心理失常,如恐惧、烦恼、胆怯、孤独、敏感、多疑和焦虑等一般不需要特殊处理,学生如果了解心理学的基本知识或对自我有正确的认识一般都能通过自我调节而消减,不会产生持续的影响,但如果表现为意识障碍、智力障碍、情感障碍、意志障碍和人格障碍等就会使学生不能接受学校正确的思想政治教育、科学文化知识,还会导致与老师、同学的关系紧张,就需要心理教育工作的干预和帮助,如进行心理咨询及各种治疗才可能消除。如果病情进一步恶化就会导致严重的心理变态和精神病,如以神经衰弱、癔症等为主要表现的各种神经官能症。一般需专门精神卫生机构进行治疗。

(2)心理健康教育可以减少心身疾病:心身疾病是一种主要由心理因素引起的躯体上的疾病,这种疾病的症状是生理性的,但其产生却没有直接的生理病因。心因性疾病患者往往经历过情绪上的某种压力,长期的紧张或焦虑,尤其是气愤和恼怒,其他还有挫折感、忧虑无望和焦虑等。大学生正处在人体发育的高峰阶段,在生理发育的作用下情绪很不稳定、个体心理机制不健全、意志控制力比较差。在这一阶段如不对不良情绪加以有效控制,容易造成心身疾病。

大量医学临床实践和科学研究证明,积极的心理对身心健康的良好作用是任何药物所不能代替的。成功的心理健康教育措施完全可以减少和减轻大学生心身疾病的发生。

(3)心理健康教育有助于大学生健康人格的培养:人格是现实的、有特色的,是人经由社会化获得的,具有内在统一性和相对稳定性的个人特质结构,是人的思想和行为的综合。大学生的学习活动是一个高层次的思维活动,需要学生有健康的心理机制及健全的人格,以确保学生有明确的学习目的、坚定的意志、浓厚的兴趣、高度的注意力、良好的品德。但由于青年学生心理发展水平的不平衡性,会影响健康人格的形成。

(二)心理健康教育的理论基础

1.精神分析学说。精神分析学说是弗洛伊德创立的独特的理论。他认为人的心理可分意识和潜意识,他强调潜意识的重要性,认为在人的整个精神生活中意识部分仅是一种附加物。他认为不仅神经症患者的每一个变态症状都具有一定目的,就连正常人的失言笔误和偶然事件也是由某种隐蔽的欲望引起的。他强调性本能驱动力的作用,主张人一生的行为都带有性的色彩。关于人格理论,他把人格分为本我、自我和超我三部分。最原始的本我与生俱来,包括先天本能的欲望;自我处于本我和外部现实之间;超我则是"道德化的自我",其主要职能是指导自我去限制本我的冲动。三者通常处于平衡状态,一旦平衡被破坏就可能导致精神病。

2.行为主义理论。行为主义理论由美国的华生创立。该学说强烈抵制对人的心理和意识进行内省研究,主张心理学应对环境与人和动物行为变化之间的关系进行客观研究,认为查明了环境刺激与行为反应之间的规律性关系才能根据刺激预知反应或根据反应推测刺激。他们认为行为就是有机体用以适应环境刺激的各种身体反应的组合。在方法论上摒弃内省法,认为应像研究动物那样研究人的心理。在行为主义的影响下,行为控制方法得到较完善发展,使心理学研究具有精确性和可说明性。这种方法和技术在心理学的大部分领域得到广泛应用。

3.人本主义理论。人本主义的代表人物是马斯洛和罗杰斯。马斯洛提出人的需要和动机是一个层级结构,高级动机的出现有赖于低级需要的满足。他认为不论低级或高级的需要和动机都具有本能的或是类似本能的性质,即都有自发追求满足的倾向;而高级的需要和动机(如认知、审美和创造)的满足即是人们价值的实现或人性的自我实现。这就是著名的需要层次理论。罗杰斯认为人的内在建设性倾向虽然会受到环境条件的作用而发生障碍,但却能通过医师对患者的关怀和积极诱导使障碍消除而恢复心理健康。他把这一观点应用于教育,强调教育中建立师生亲密关系和依靠学生自我指导的重要性。

上述三个基本理论在学校心理健康教育中得到广泛应用。例如,精神分析学说在分析学生心理问题的成因时广泛应用,行为主义在控制学生行为时使用,而建立师生的亲密关系在心理教育中尤为重要,这体现了人本主义思想。

(三)大学生心理健康教育的主要任务和内容

高等学校培养的学生不仅要有良好的思想道德素质、文化素质、专业素质和身体素质,而且要有良好的心理素质。加强大学生心理健康教育工作是新形势下全面贯彻党的教育方针、实施素质教育的重要举措,是促进大学生全面发展的重要途径和手段,是高等学校德育工作的重要组成部分。

《教育部关于加强普通高等学校大学生心理健康教育工作的意见》明确指出,高等学校大学生心理健康教育工作的主要任务是:根据大学生的心理特点,有针对性地讲授心理健康知识,开展辅导或咨询活动,帮助大学生树立心理健康意识,优化心理品质,增强心理调整能力和社会生活的适应能力,预防和缓解心理问题。帮助他们处理好环境适应、自我管理、学习成才、人际交往、交友恋爱、求职择业、人格发展和情绪调节等方面的困惑,提高健康水平,促进德智体美等全面发展。

高等学校大学生心理健康教育工作的具体内容如下:①宣传普及心理科学基础知识,使学生认识自身的心理活动与个性特点;宣传普及心理健康知识,使大学生认识到心理健康的重要作用,特别是心理健康对成才的重要意义,树立大学生的心理健康意识;②培训心理调适的技能,提供维护心理健康和提高心理素质的方法;③认识与识别心理异常现象,使大学生了解常见心理问题的表现、类型及其成因,初步掌握心理保健常识,以科学的态度对待各种心理问题;④根据大学生活不同阶段及各层次、各学科门类学生、特殊群体学生的心理特点,有针对性地实施心理健康教育。

(四)增进大学生心理健康的主要途径

增进大学生心理健康的途径包括社会的努力和大学生自身的努力两方面。

1.社会层面。首先,应在学校教师、干部、医务人员中普及心理卫生知识;其次,加强对大学生的心理健康教学和宣传;再次,建立和健全心理健康教育、心理咨询机构;最后,加强心理健康教育专业化建设。

2.个体方面。

(1)要努力学习心理健康知识:心理健康知识是大学生增进自我了解并进而达到自我调节的理论武器。大学生可通过听心理健康课或讲座、阅读心理健康书刊等途径来接受心理健康教育,并注意把知识运用于自己的生活中。

(2)要积极参加各类实践活动:人的健康心理是在社会文化交往、社会实践中形成和发展的,因而多进行人际交往、多参加社会劳动和各种社会活动,往往有利于锻炼心理、增强意志、丰富体验、发展才智,从而促进心理的健康和发展。

(3)要培养良好的生活习惯:世界卫生组织认为有害健康的不良生活习惯主要有吸烟、饮酒过量、不恰当地服药、体育运动不够或突然运动量过大、吃热量过高和多盐的食物及饮食没有节制、不接受合理的医疗处理、对社会压力产生适应不良的反应、破坏身体生物节奏和精神节奏的生活。

（4）要大力加强自我心理调节：这是自我心理保健中最核心的一部分，离开了自我调节心理保健就无从谈起。大学生自我心理调节包括调整认识结构、完善自我意识、学会情绪调节、锻炼意志品质、丰富人际交往、提高适应能力、塑造健全人格等。

（5）要及时寻求心理咨询帮助：在维护和促进心理健康的过程中，大学生除了重视个体自我调节外还应积极取得家庭、学校和社会的支持，争取亲朋好友的帮助，尤其是当心理负荷比较重自己又不易调节时，及时寻求心理咨询机构的帮助是明智的选择。对于心理咨询，我们应树立一种正确的观念，即我们是因为出现了困惑，为了让困惑尽快从我们的生活中消失，让自己心情放松，更快乐地生活，我们是因为对自己负责才走入心理咨询中心的。如果是精神已经出现了疾病，对自己的行为都没有意识了是不可能主动走入中心寻求帮助的。这有助于打消同学们"我如果去了心理咨询中心，让别人知道了就说我不正常"的顾虑，其实这种认识是不正确的，如果你出现了困惑，知道寻求帮助，这正是维持自己心理健康的表现。

常见的心理咨询方式有：个别咨询、团体咨询、电话咨询和网络咨询等。心理咨询中最重要的一条原则就是保密原则，也就是说，心理咨询是在不危害个人和他人安全的条件下，咨询师对有困惑的来访者交流的内容和全部信息都予以保密。

第二章 大学生的创新思维与创新能力

第一节 创新思维

人们天生排斥新鲜的事物,在大脑中负责记忆的海马体被连接到两个被称为"杏仁核"的神经元小球上。如果出现熟悉的事物,海马体就会迅速被激活。但如果是新鲜的事物,海马体就很难找到与之匹配的记忆,它就会把这种事物鉴定为不熟悉,然后向杏仁核发出信号,我们就会感到抵触和反感。这是人们接受事物的生理学基础,也是人们的一种本能,被称为"盖茨尔斯—杰克逊效应"。著名作家塞缪尔·贝克特说:再试一次,再失败一次,但是,你要保证每一次失败都比上一次更好一些。

一、创新思维

(一)创新思维的概念

1.思维的概念。思维是人脑对客观事物概括的、间接的反应过程。思维过程是我们认识活动的高级阶段;也是人们对客观事物的反应,来源于客观世界;反映出客观事物的一般性和规律性的联系。[1]在人们的日常生活中我们时刻都离不开思维,用它学习知识、解决问题;辨别真伪、识别美丑;探索新知,创造未来。思维具有以下3种特征:

(1)思维的概括性:思维的概括性是指在大量的感性材料基础上把一类事物共同的、本质的特征和规律抽取出来。其中,概括是人形成概念的前提,是思维活动能迅速迁移的基础。同时,概括是会随人们认识水平的提高而提高

---

①王鹏.设计"开放性问题",促进学生思维能力的发展[J].四川教育学院学报,2003,19(10):1.

的。事实上,人们对客观事物认识水平提高的同时也会对事物的概括水平有所提高。

(2)思维的间接性:思维的间接性是指人们借助于一定的媒介和知识经验对客观事物进行间接认识。例如,读万卷书,在阅读中即使你没有作者的经历也可以在头脑中进行加工,感受作者所表达的喜怒哀乐。正因如此,思维的间接性能使人们超越感知觉提供的信息,认识那些没有直接作用于人感官的事物和属性。

(3)思维是对经验、信息的再加工:思维活动往往与场景密不可分,经常由一定的问题情境引起,大脑试图通过对已有的知识经验进行重建、改组和更新,以解决当下情境所面临的问题。比如,"得到"App每天听本书栏目,它试图通过互联网技术解决人们在当今社会阅读的问题,通过利用新技术对已有书籍进行再生产,给读者带来不一样的阅读体验。

2.创新思维的概念。创新思维又称创造性思维,与其相对应的是常规思维。常规思维是指人们运用已获得的知识经验,按已有的方案和程序直接解决问题。

许多心理学家认为,创造性思维是多种思维的综合表现形式。它既是发散性思维与复合性思维的结合,同时也是直觉思维与分析思维的结合。广义的创新思维是指人们在提出问题和解决问题的过程中一切对创新成果起作用的思维活动。狭义的创新思维是指人在创新活动中直接形成创新成果的思维活动,常常是非逻辑思维的一种形式。

普遍认为,创新思维不受传统经验所束缚,能把过去的知识经验部分抽取,重新组织已有的知识经验,提出新颖的解决方案或程序并创造出新的思维成果的思维活动。

一个人如果具有创新思维就能打破常规、突破传统,具有丰富的想象力、敏锐的洞察力和超强的感知力,从而使思维具有一种超前性、变通性。对于人而言,创新思维是可以通过学习与刻意练习改变与提高的。大学生接受外界事物与适应变化的能力要高于普通群体,完全可以通过坚持不断地培养和刻意练习提升其创新思维能力。爱因斯坦在《论科学》中指出:"想象力比知识更重要,因为知识是有限的,而想象力概括着世界上的一切,推动着进步,并且是知识进化的源泉。严格地说,想象力是科学研究中的实在因素。"

创新思维的本质在于将创新意识的感性愿望提升至理性层面并进行探索,实现创新活动由感性认识到理性思考的飞跃。

(二)创新思维的特征

1.概括性。概括性是思维最显著的特征,是人们形成或掌握概念的前提,是一切科学研究的出发点。

2.问题性。思维在概念的形成与问题的解决中产生,指向于完成任务或解决问题。通常由4部分构成:发现问题(提出问题)、明确问题、提出假设和检验假设。

3.新颖性。创新思维不受传统习惯和先例的禁锢,超出常规。在学习过程中对所学定义、定理、公式、法则、解题思路、解题方法、解题策略等提出自己的观点、想法,提出科学的怀疑、合情合理的"挑剔"。

4.联想性。面临某一种情境时,思维可立即向纵深方向发展;觉察某一现象后,思维立即设想它的反面。这实质上是一种由此及彼、由表及里、举一反三、融会贯通的思维的连贯性和发散性。

5.灵活性。在学习过程中,思维突破"定向""系统""规范""模式"的束缚,不局限于老师所教以及常规模式,遇到具体问题应灵活多变,活学活用。

6.综合性。思维调节局部和整体、直接和间接、简单和复杂的关系,在信息中进行概括、整理、组合和再加工,把抽象内容具体化、繁杂内容简单化,从中提炼出较系统的经验。

(三)创新思维的类型

创新思维给人类带来新的、具有社会意义和价值的成果,是一个人智力水平高度发展的产物。创新思维与创造性活动密不可分,是多种思维的统一。

人类社会最大的特点就是能够不断创新,即构建想象共同体;对于个人而言,创新思维是一种习惯,尤其是在社会中,即使只是作为一个工作者都应具备改变旧的、固有的思维习惯,建立新的思维习惯的能力。

创新思维有很多种,以下是几种常见的思维类型:

1.发散思维。发散思维又称求异思维、辐射思维、放射性思维或扩散思维,是指人们沿着不同的方向思考,重新组织当前的信息和记忆系统中储存的信息,产出大量的、独特的新思想,表现为思维视野广阔,呈现出多维发散状。这种思维的主要功能是求异。

发散思维作为一种创新方法,被广泛用于科学研究、科技发明以及企业的经营活动中。事实上,发散思维是创新思维的最主要特征,同时也是测定创造力的主要标志之一。发散思维是典型的、艺术化的思维,能促使人们提高对工作、生活和学习的激情,是兴趣的乐园、智慧的发源地。

发散思维具有流畅性、变通性、独特性、多感官性等特点。常见的发散思维的表现形式有平面思维、立体思维、逆向思维、横向思维、纵向思维和组合思维等。

(1)平面思维:平面一般包括点、线、面3个基本构成要素。平面思维是指人的各种思维线条在平面上聚散交错,核心是联系和想象;是线性思维向着纵横两个方向扩张的结果;更具有阅读性和广阔性。

(2)立体思维:立体思维是指跳出点、线、面的限制,从空间网络、时间网络和事物联系的网络甚至占领整个立体思维空间思考问题;具有纵向垂直、横向水平、交叉重叠的组合优势;扩大思维活动范围,拓展提高思维的各种可能性。

(3)逆向思维:逆向思维也叫求异思维、反向思维,它是对司空见惯的、似乎已经成定论的事物或观点反过来思考的一种思维方式。其实对于某些特殊问题,从结论往回推,倒过来思考,从求解回到已知条件,反而会简单化,使问题的解决更容易。运用逆向思维去思考和处理问题,实际上就是以"出奇"达到"制胜"。因此,逆向思维的结果常常会令人大吃一惊,别具一格。

逆向思维具有普遍性、批判性、新颖性等特点。常见的逆向思维的方法有怀疑法、对立互补法、悖论法、批判法、反事实法5种方法。

1)怀疑法:习惯性的事物不一定是对的,要勇于怀疑、善于怀疑,敢于打破常规思维,能够从反方向考虑问题的一种方法。

2)对立互补法:思维的对立统一也就意味着人们在处理问题时既要看到事物之间的差异,也要了解事物之间的互补性。

3)悖论法:对于某个概念、假说要积极主动地从正反两方面思考,从而找出存在悖论的地方。

4)批判法:通过分辨、评判,剖析言论、行为,以此发现客观事实,以比较、分类、分析、综合、抽象和概括等思维技能为基础的一种辩证方法。

5)反事实法:人类思维活动指向并不都是正在发生或将要发生的事情,其指在心理上对已经发生过的事情进行否定的方法。①

(4)横向思维:横向思维是指突破问题的结构范围从其他领域的事物、事实中得到启示而产生新设想的思维方式,它不一定是有序的,同时也不能预测。具有这种思维方式的人思维面都不会太窄,且善于举一反三。横向思维是通过明显的、不合逻辑的方式寻求解决问题的方法,主要作为对传统的批判和分析性思维方式的补充,具有激发新观念、完善构思、保持思维开放状态以及进行改造等作用。横向思维的特征是寻找更多答案、更多方案等,但其欠缺一定的深度。

(5)纵向思维:纵向思维是指在一种结构范围内按照有序的、可预测的、程式化的方向进行的思维形式。纵向思维是符合事物发展方向和人类认知习惯的思维方式,通常情况下,纵向思维方式遵循由低到高、由浅到深、由始到终等过程,从不同层面切入,以达到突破性的、递进性的、渐变性的联系过程。事物发展的过程性是纵向思维得以形成的客观基础,纵向思维在事物的萌芽、成长、壮大、发展和衰亡过程中可捕捉到事物的规律性,即对事物发展过程的反映。因而,纵向思维是我们对日常生活中的形势分析、研究常用的方法。

纵向思维具有5个特点:①由轴线贯穿的思维进程;②清晰的等级、层次;③良好的稳定性;④目标性、方向性明确;⑤强烈的风格化特点。

(6)组合思维:组合思维又称连接思维或合向思维,是指把多项貌似不相关的事物通过想象加以连接从而使之变成不可分割的新整体的一种思考方

①岳玲云、冯廷勇、李森森,等. 不同调控方式个体反事实思维上的差异:来自 ERP 的证据[J]. 心理学报,2011,43(3):9.

式。组合思维具有创新性、广泛性、时代性和继承性等特点。常见的组合思维的形式有同类组合、异类组合、重组组合、共享与补代组合、概念组合和综合等6种组合形式。

2.集中思维。集中思维又称收敛思维、求同思维和聚合思维。集中思维是一种有方向、有范围、有条理的收敛性思维方式。这种思维方式与求异思维相互依存、相互补充,结合形成完整缜密的思维体系和程序。从不同角度、不同信息源中引出一种结论,有助于对思维对象的把握和思维层次的发掘。例如,教师根据各种教学参考资料归纳出一个正确的结论传授给学生。在进行这种集中性思维时往往需要把已提供的各种信息加以重新组织,然后找出最好的解决方案。

集中思维与思维定式完全不同。思维定式是让传统性和习惯性思路引向僵化、重复模拟、狭隘片面的惰性歧途;求同思维则要求既求真、求变、求新,又不唯"异"独尊,把求异当成一种追求。在创新活动中,通过发散思维提出种种假设,然后能使用求同思维挑出好的设想。发散思维体现了"由此及彼"和"由表及里"的思维过程,聚合思维体现了"去粗取精"和"去伪存真"的思维过程。

3.联想思维。联想思维是指人脑记忆表象系统中由于某种诱因导致不同表象之间发生联系的一种没有固定思维方向的自由思维活动。事实上,联想思维是以事物的普遍联系为基础的,主要的思维形式包括幻想、空想、玄想。其中,幻想尤其是科学幻想在人们的创新活动中具有重要作用。联想思维具有连续性、形象性和概括性的特征,其突出特征是悖逆性、挑战性、批判性。联想思维可以使我们扩展思路、升华认识、把握规律。常见的联想思维的类型有相似联想、对比联想、关系联想、接近联想4种:①相似联想是指由一个事物联想到另一个与它在性质上接近或类同、近似的事物。比如,想到大海时会想到沙滩、想到海鸥、想到海豚、想到珊瑚礁、想到浮潜等;②对比联想是指由一个事物联想到与其具有相反特点或特征的另一事物。比如,黑夜和白昼、夏天的酷热与冬天的严寒;③接近联想是指由一个事物联想到在时间或空间上相接近的另一事物。看到学生想到教室、老师、桌椅、粉笔、课本等相关事物;④关系联想是指由事物所具有的各种关系而形成的联想思维。

4.综合思维。综合思维又称复合性思维,是把某一事物的某些要素分离出来并组建到另一事物或事物的某些要素上的创造性思维过程。综合思维是整体及其结构层次上的综合,有着高层次的、全局的认识水平。综合思维中的分析是综合的分析,是以综合为认识起点并以综合为认识归宿的,是"综合—综合分析—新的综合"的思维过程。这种由"综合而综合"的思维方式体现了对已有智慧、知识的交杂和升华,绝不是简单地相加或拼凑。比如,"瞎子背瘸子"就是典型的综合思维,二人充分发挥优势形成互补,从而达到不仅可以看见还可以行动的目的。

5.逻辑思维。逻辑思维常称为"抽象思维",是符合某种人为制定的思维规则和思维形式的思维方式。逻辑思维是确定的、前后一致的、有条理和根据的,不是自相矛盾的。逻辑思维一般会用到概念、判断、推理等思维形式和比较、分析、综合、抽象、概括等方法,而掌握和运用相关形式与方法的程度形成了逻辑思维能力。逻辑思维具有规范、严密、确定进而可重复的特点。常见的思维类型有经验型和理论型两种,其中经验型常局限于经验,思维水平较低;理论型以理论为依据,运用科学的概念、原理等方式进行判断推理,思维水平较高。

6.灵感思维。灵感思维是指对事物的接触及思考中因受到某种启发而产生的创新思维方式,是文学艺术和科学研究中经常出现和运用的一种创新思维方式。灵感思维是一个过程,是灵感的产生过程,不是一种简单的逻辑或非逻辑思维的活动,而是逻辑思维与非逻辑思维相统一的理性思维过程。灵感思维具有转瞬即逝的偶发性、突发性和模糊性等特点,因此需要抓住稍纵即逝的灵感思维以促成新事物的应运而生或疑难问题的解决。常见的灵感思维有自发灵感、诱发灵感、触发灵感和迸发灵感4类。灵感思维的方法有久思而至、触类旁通、见微知著、梦中惊成、自由遐想、急中生智、另辟蹊径、原型启示、豁然开朗、巧遇新迹等。

第一,久思而至是思维主体在长期思考但始终没有进展的情况下无意中找到答案或线索,完成久思未解的研究项目。

第二,触类旁通是人们偶然从其他领域的既有事实中受到启发,进行类比,联想、辩证、升华而获得成功,这往往需要思维主体具有更深刻的洞察能力,能把表面上看起来完全不相干的两件事联系起来,进行内在功能或机制上的类比,即所谓"他山之石,可以攻玉"。

第三,见微知著是从别人觉得稀奇的平常小事上敏锐地发现新事物的苗头并且深挖下去直到做出一定创新为止。见微知著须独具慧眼和敏捷的思维。

二、创新思维的培养

(一)影响创新思维的因素

创新活动的主体是人,现实生活中每个人都生活在集体中,与周围环境有着密切联系。创新思维环境与一般的环境不同,影响人进行创新思维和创新活动过程的一切外部条件,如家庭环境、学校环境、工作环境、社会生产力、政治环境和国际环境都会影响创新思维。另外,创新思维环境还包括进行创新活动的人对外部环境的自我创新所形成的环境。

心理学家说:"只会使用锤子的人总是把一切问题都看成是钉子。"思维定式是人类心理活动的普遍现象。然而思维定式是创新思维最大的敌人。创新本身并不复杂,然而很多人还是很难创新。据统计,5岁儿童中有创造性的人高达90%,说明人的创造性随着年龄的增长而受到抑制;对20~45岁的成人进行测试,结果只有5%的人合格,说明人的创造性随着年龄的增加而降低。

从客观上看,影响创新思维的因素有惯性思维、线性思维、惰性思维、群体思维等。

1. 惯性思维。惯性思维又称思维定式,是由先前的活动而造成的一种对活动的特殊的心理准备状态或活动的倾向性。思维定式一般与个人的世界观形成存在着内在的、必然联系。由于思维定式具有社会性、阶段性以及知识经验的局限性,在一定的历史时期能够指导个人行为方式,然而,当时代需要变更创新、新旧交替时又成为其发展的主要障碍。消极的思维定式是束缚创造性思维的枷锁。举个简单的例子。如果给你看两张照片,一张照片上的人英俊、文雅,另一张照片上的人丑陋、粗俗,然后对你说,这两个人中有一个是全国通缉的罪犯。要指出谁是罪犯,大概大多数人会指向第二个人。从思维过程的大脑皮层活动情况看,定式的影响是一种习惯性的神经联系,即前次的思维活动对后次的思维活动有指引性的影响。所以,当两次思维活动属于同类性质时,前次思维活动会对后次思维活动起正确的引导作用;当两次思维活动属于异类性质时,前次思维活动会对后次思维活动形成错误的引导作用。大量事例表明,思维定式确实对问题解决具有较大的负面影响。当一个问题的条件发生质变时,思维定式会使其墨守成规,难以涌现出新思维、做出新决策,造成知识和经验的负迁移。

2.线性思维。线性思维即线性思维方式,是把认识停留在对事物表面的抽象而不是本质的抽象,并以这样的抽象为认识出发点的,片面、直线、直观的思维方式;是一种直线的、单向的、单维的、缺乏变化的思维方式。非线性思维则是相互连接的、非平面、立体化、无中心、无边缘的网状结构,类似人的大脑神经和血管组织。线性思维如传统的写作和阅读,受稿纸和书本的空间影响就必须以时空和逻辑顺序进行。

线性思维方式有两个基本特点:①把多元问题变为一元问题。事物之间的复杂联系往往是多元的,线性思维模式要求把其中一个问题突出,把其余问题撇开予以处理;②用一维直线思维来处理一元问题使之具有非此即彼的答案。在漆黑的夜晚,一辆老爷车抛锚。车主初步判断油烧光了,便下车检查油箱。没有手电筒就顺手掏出打火机照亮,结果"轰"的一声巨响。事后,他躺在病床上自悔引火烧身,"当时只想借打火机的光,看看油箱里还有多少油,根本不曾想打火机的火会引爆油箱"。这是典型的线性思维惹的祸。

线性思维是高等生物认知事物的基础之石,但也是负重之石。人类走进这扇智慧之门却又困于其中。中国人在某些方面尤为甚之。从单纯用黑和白看待世界,到加入灰色改良,依然没有摆脱线性思维的纠缠。要摆脱线性思维的束缚是一道难题,也是一种智慧。颠覆一种习惯需要的是勇气和毅力,甚至需要涅槃的精神。

3.惰性思维。惰性思维是指人类思维深处存在的一种保守的力量,总是习惯用老眼光来看新问题,用曾经被反复证明有效的旧概念去解释变化的世界的新现象。惰性思维普遍存在于我们的现实生活中。比如,当碰到某件事的时候,人们习惯于想当然地以为它就应该是某个样子,或者是就应该朝着某个方向发展,还总会以此为借口,对进一步思考有所怠慢。

你是不可能指望一个思维的懒惰者会有什么大的创新的。任何一个创新通常都是由很多问题构成,并且是一个不断发现问题与问题最终被解决的过程。惰性思维可分为两种:一种是缺少积极主动的思维意识;一种是缺少积极主动的思维心态。无论是提出一个好的创意或是发现问题都需要有创新的意识和积极主动的心态。一个思维懒惰者可以被动应付解决问题,却不可能主动去发现一些新问题,所以最多只能麻木地做事,像工业机器人一样,只懂得按照某个指令做事,而不能积极思考。事实上,思维、思想的惰性要远比肉体的懒惰更为可怕。肉体的懒惰者充其量就是个懒人,而思想、思维的懒惰者却会成为一个不折不扣的庸人、废人。生活中,人总是经年累月地按照一种既定的模式运行,从未尝试走过别的路,容易出现消极厌世的情绪。所以不换思路生活也会变得索然无味。换个位置、换个角度、换个思路也许会出现新的天地。事实上,在当今社会里人们更应克服惰性思维,积极应对社会的巨大变化。

4.群体思维。群体思维是指高内聚力的群体认为他们的决策一定没有错误,为了维持群体表面上的一致性,所有成员都必须坚定不移支持该群体的决定,与此不一致的信息则被忽视,即群体决策时的倾向性思维方式。

群体思维是群体决策中的一种现象,是群体决策研究文献中一个非常普遍的概念。当人们寻求一致的需要超过了合理评价备选方案、个人观点和想法时容易产生群体思维。事实上群体思维是伤害许多群体的一种疾病,它会严重损害群体利益。群体思维通常是组织内部那些拥有权威、说话自信、喜欢发表意见的主要成员的想法,但其实大多数人并不赞成这一提议。这种情形下做出的群体决策往往都是不合理的、失败的决策。当一个组织过分注重整体性,而不能持一种批评的态度来评价其决策及假设时,群体思维就会发生。预防或减少群体思维的一个有效的方法就是在群体决策时指定一位成员专门对其他人的论点提出质疑、对其他人的主张提出挑战,并提供具有建设性的批评意见。这种方法保证了群体决策时决策的参加人员能保持理性、全面、客观、清晰的思路。

(二)创新思维的培养

1.逆向思维训练。逆向思维也叫反向思维、反转思维,是指从事物的反面去思考问题的思维方法,其特点是改变惯常思维方式,从相反方面来认识事物、思考问题。由于这种思维突破了人们考虑问题惯有的思维方式,因而往往能够获得惯常思维所不能取得的成效。这种方法常常使问题获得创造性地解决。创新有时候不是突如其来的天才想法,而是正确思维方法的必然结果。常用的逆向思维训练方法如下:

(1)结构逆向:比如,手机都是正向显示的。如果把画面翻转过来呢?这样你把手机放在汽车仪表盘上,导航软件的画面反射到前挡风玻璃上,就成了正面,那样你就不必低头看手机了。

(2)功能逆向:比如,保温瓶的功能是保热,"逆向思维"思考后——它是不是可以保冷呢?于是就有了冰桶。空调的目的是制冷,能不能同时制热呢?我们知道空调制冷的原理是通过把热量从房间交换到室外去,那么可以把空调交换出去的热量,输出到厨房形成家用热水系统。

(3)状态逆向:比如,人走楼梯,是人动楼梯不动,如果把这个状态反转,人不动、楼梯动,于是就有了自动扶梯。

(4)原理逆向:电动吹风机的原理是用电制造空气的流动,方向是吹向物体,逆向利用这个原理,空气还是流动,但是方向相反,电动吸尘器诞生。

(5)序位逆向:序位逆向就是顺序和位置逆向。比如,在动物园是把动物关在笼子里,人走动观看。如果把这个状态反过来呢?人关在笼子里,动物满地走。于是就有了开车游览的野生动物园。

(6)方法逆向:古代司马光砸缸救人也说明了逆向思维的作用。通常从大水缸里取物、救人只可由缸口打捞或者将水缸放倒,而不损坏水缸。当时司马光年纪小不可能采取以上两种办法,便急中生智,运用逆向思维砸缸救出小伙伴。青岛牌啤酒在进入美国市场时主要做了两件事情,一种是出资通过报纸、电视、电台等新闻媒体进行广告宣传;再是让美国大饭店接受这种啤酒,以扩大影响。后一件事做起来并不容易,美国大饭店不会轻易购进这种啤酒。啤酒推销商看到这一点便没有登门推销,而采取相反做法,变卖为买。他们出资在纽约多家大饭店举办宴会,宴请社会名流。每到一家大饭店便指名要青岛牌啤酒,如果没有就以缺少这种酒宴会不够档次为由取消宴会。这样,青岛啤酒不仅受到纽约许多大饭店的重视,登上了高档宴席,而且逐渐在美国啤酒市场站稳脚跟。以买促卖的做法无疑是逆向思维的创新成果。

2.批判性思维训练。1998年,联合国教科文组织把"培养批判性和独立态度"视为高等教育、培训和从事研究的使命之一。美国教育委员会说:大学本科教育的最重要的目的就是培养学生的批判性思维能力。批判性思维能够带来工作和生活中的创新,有助于发现问题、构想解决方案、全面思考、改变和调整策略;培养自身的创造力;形成公共说理的理性社会。

(1)常见的批判性思维训练方法:①发现和质疑基础假设是批判性思维的基础。"我家能做最正宗的川菜,如果到美国开餐厅的话,我就有机会击败那些不地道的川菜。"发现这句话有问题吗?其实这句话有个隐藏的基础假设——"人们喜欢正宗的东西"。难道人们不喜欢"不正宗的东西"吗?不一定。有些所谓的"不正宗"是为当地人饮食习惯做的定制和优化。所谓的"正宗",有些仅仅是某一地区、某些人的饮食习惯而已,与"好吃不好吃"无关。②检查事实的准确性和逻辑一致性。③关注特殊背景和具体情况。马赛是一个一夫多妻制的族群,男人可以娶上百个老婆。父亲死了,除了亲妈之外长子甚至可以继承父亲所有老婆。于是很多人半开玩笑地说我也要做马赛人。难道事情就这么简单吗?马赛男人有个特殊的"成人礼"仪式,独自杀死一头狮子。可知,大部分马赛男人都被狮子吃了。侥幸活下来的可用3头牛换个老婆,无限开枝散叶。这就是特殊背景和具体情况。④寻找其他可能性。

(2)批判性思维的应用方法:批判性思维指的是"熟练地和公正地评价证据的质量",能帮人们尽可能地获得最准确的认知,接近真相。

批判性思维的应用方法很多,常见的典型方法有:忒修斯之船——理解论证所涉及的论题、关键概念、立场和观点;庄子"辩无胜"——分析论证的论点、主要理由及其逻辑关系,图解论证结构;美诺悖论——能否定义论证中的关键词,澄清主要论题的精确含义;斯多亚派推理——评估前提和理由的真实性或可接受性；苏格拉底劝男人结婚——评价推理关系，审视它们的相关性和有效性；粒子玩笑——挖掘隐含假设，挖掘和拷问论证中隐含的前提、假设、含义和后果；帕斯卡打赌——反驳无效的论证及其谬误，追寻真理，建构替代论证，得出一个更全面和更合适的结论。

3.正向思维训练。正向思维是从因到果的思维，从已知预测未知的能力。踢一脚足球，我预测它就会飞起来；按下开关，我预测灯就会被关掉。擅长正向思维的人都是"因果逻辑收集者"，平常在大脑中收集、整理、存放了大量的因果逻辑，以备随时调用。

破案看上去像是在进行"一个"逆向思维，由果到因，但其实在侦探脑海中快速发生着"成千上万个"正向思维、无数的由因到果。这些因果逻辑的数量和质量直接决定着你的破案能力。

正向思维训练的常见方法有以下两种：

(1)做一个"因果逻辑收集者"：看到有人愿意买1000万的车却不愿买50元的矿泉水，就收集一个叫"心理账户"的因果逻辑，放在人性区；看到太多管理错位的问题就收集一个叫"责权利心法"的因果逻辑，放在管理区。

(2)多读侦探小说、多读科幻小说：收集了大量"因果逻辑"后，调用这些因果逻辑依靠归因和预测两种方法。正向思维回溯过去就是归因，正向思维期待未来就是预测。要训练归因和预测的能力可以多读侦探小说和科幻小说。

侦探小说可以训练你的归因能力。福尔摩斯第一次见到华生时说："你从阿富汗来？"华生大吃一惊："你怎么知道？"福尔摩斯是这么回答的："由于长久以来的习惯，一系列的思索飞也似地掠过我的脑际，因此在我得出结论时竟未觉察得出结论所经的步骤。但是，这中间是有着一定的步骤的。"福尔摩斯说的这个"步骤"就是"归因"。阅读科幻小说可以训练一些预测能力。

4.全局之眼的思维训练。世界上的所有东西都是以一种叫作"系统"的方式存在着。要素是系统中你看得见的东西；关系是系统中你看不见的、要素之间相互作用的规律。看到要素还要看到要素之间的关系，更要看到这些关系背后的规律，就叫作"全局之眼"。

企业家知道旺铺的重要。可是，旺铺为什么重要？是因为更好的地段带来了更多的人流。所以,人流其实才是"旺"和"铺"这两个要素之间的关系,是这关系背后的规律。把这个规律推演到整个系统中,哪里人流多,哪里就会旺。于是,早期的PC电商,后来的移动电商(微商),再后来的社群经济,现在的网红、移动直播、虚拟现实(VR),就都可以理解。理解了关系和关系背后的规律不但能在复杂的系统中理解现在,甚至可以在一定程度上预测未来。所有的战略都是站在未来的角度看今天。

从"系统论"的角度学习用关联的、整体的、动态的方法,提升全局性看问题的能力。

(1)关联之眼:事物之间都不是孤立存在的,它们彼此之间相互作用,这就叫作关联性。

首先要练习用关联之眼看清事物。比如,"旺"和"铺"之间是什么关系?引爆点和网络效应之间是什么关系?企业文化和人性之间是什么关系?个体理性与群体感性之间是什么关系?

(2)整体之眼:要素加上若干要素之间的关联构成了系统,并形成"输入、黑盒、输出"3个物体。这个黑盒子内部就是在用人们理解或者不理解的方式进行精密运作。拥有全局之眼需练习用整体之眼看透黑盒。比如,货币政策会如何刺激本国经济?引入风险投资会如何刺激公司的创新意识?价格策略会如何影响消费者的购买冲动?

(3)动态之眼:一个系统的要素和要素之间的关联不是恒久不变的,增加时间的变量后就可以看见不同的场景。拥有全局之眼就需要练习用动态之眼看穿时间。比如,5年之后人类的生活方式是怎样的?今天最强大的公司还会强大多久?你今天看到的结果是今天的行为导致的吗?你学习今天的苹果还是30年前的微软?

在商业环境变化不快的时候思维就容易懒惰,在一些人的脑海中,复杂、多维的"系统论"会退化为简单、单向的"因果论":你只要做好这个,就可以得到那个。甚至在一些人的脑海中,"因果论"会进一步退化为"经验论":人家就是这么做的,成功了,我也要这么做。

乱拳论会让你死在不必要的地方;经验论会让小马不敢过河;因果论会让

你忽视世界的复杂性。越是身处高速变化的世界之中,经验失效,万物归本,越是要训练系统性思维,拥有全局之眼。

5.分析列举式思维训练。

(1)系统设问法:如果提问中带有"假如""如果""是否"等促使想象的词汇,系统设问法正是根据这样的思路提出的创造发明技法。系统设问法针对事物的某方面问题,系统地列举出相关问题,然后逐一研究讨论,多方面进行扩展,促使人们萌生多种新的设想。

(2)形态分析法:形态分析法是一种系统搜索和程序化求解的创新技法。因素和形态是形态分析中的2个基本概念。

所谓因素就是指构成某种事物的特性因子。如工业产品,可以用产品的特定用途或功能作为基本因素。对应的,其实现各种功能的技术手段则称为形态。例如,将"控制时间"作为某产品的一个基本因素,那么手动控制、机械定时器控制和电脑控制等技术手段则为相应因素的表现形态。

形态分析是对创造对象进行因素分解和形态综合的过程。在这一过程中发散思维和收敛思维起着重要的作用。因素分析就是要确定研究对象的基本构成因素。分析时要使各因素满足3个要求,分别是在逻辑上彼此独立、在本质上是重要的、在数量上是全面的。

(3)列举法:常见的列举法有属性列举法、缺点列举法和希望点列举法。

①属性列举法:其又称为特征列举法。它是由美国的克劳福德提出的。概括地说属性列举法是一种通过列举、分析特征,应用类比、移植、替代、抽象的方法变换特征获得发明目标的方法。属性列举法操作程序为确定对象—列出特征—分析特征—提出设想。列出特征是分析、分解及分类的前提,将研究对象的逐项特征一一列出;分析特征是从需要出发,对列出的特征进行分析并与其他物品进行对比,寻求功能与特征的替代,用替代的方法对原特征进行改造,在分析时尤其应抓住动词性特征;提出设想是应用综合原理将原特征与新特征进行综合,提出新设想;在使用时所确定的研究对象应十分具体,若研究的是产品,应是具体的某一型号的产品,若研究的是问题,应是具体的哪一个问题,若是抽象的研究就会得不到应有的效果。研究的题目宜小不宜大,对于

较为庞大、复杂的物体应先将它拆为若干小部分,分别应用属性列举法进行研究,然后再综合考虑。列举属性时越细越好。

②缺点列举法:该方法是通过列举缺点来揭示问题进行创新的方法。缺点列举法是直接从人们的需要出发强调问题,从而激励人们去革新和创造。

③希望点列举法:该方法是通过列举研究对象被希望的特征而进行创新。列举的希望点应与人们的需求或对美好生活的向往有关并且符合长时间的需求。

6.思维导图训练。思维导图又称脑图、心智地图、脑力激荡图、灵感触发图、概念地图、树状图、树枝图或思维地图,是表达发射性思维的有效的图形思维工具,也是一种利用图像进行思考的辅助工具。

思维导图可通过一个中央关键词或想法以辐射线连接所有的代表字词、想法、任务或其他关联项目。它虽简单却又极其有效,是一种革命性的思维工具。思维导图运用图文并重的技巧把各级主题的关系用相互隶属与相关的层级图表现出来,对主题关键词与图像、颜色等建立记忆链接。

思维导图充分运用左右脑的机能,利用记忆、阅读、思维的规律协助人们在科学与艺术、逻辑与想象之间平衡发展,从而开启人类大脑的无限潜能。因此思维导图具有训练人类思维的强大功能。

思维导图是一种将放射性思考具体化的方法。我们知道,放射性思考是人类大脑的自然思考方式,每一种进入大脑的资料,不论是感觉、记忆或是想法,包括文字、数字、符码、香气、食物、线条、颜色、意象、节奏、音符等都可以成为一个思考中心,并由此中心向外发散出成千上万的关节,每一个关节代表与中心主题的一个连接,而每一个连接又可以成为另一个中心主题,再向外发散出成千上万的关节,呈现出放射性立体结构,而这些关节的连接可以视为记忆,也就是个人数据库。

第二节 创新能力

创新能力简称创造力。创新思维之父、世界创新大师爱德华·德·波诺认为：创新能力意味着产生某种过去不存在的东西，创新能力的结果有其独特性和稀有性。积极心理学大师米哈里·希斯特米哈伊通过观察研究卓越创新者和诺贝尔奖得主的生活发现拥有创造力的人大都生活得更幸福，他们在创新时那种忘我的状态给人带来精神愉悦是日常生活中体会不到的。然而每个普通人都能够通过创造力，提升生活的满足感。

一、创新能力

（一）创新能力及其特点

1.创新能力的概念。人类的决策活动是一种不断推陈出新的智力活动，每一种决策方案总有不同于其他方案的新意，因此，每一个决策主体都要具有起码的创新能力。人类社会之所以不断发展，社会的物质文明和精神文明之所以不断提高，就在于人类具有创新能力。创新能力是一个人、一个领导者有所发现、发明、创造、贡献的前提条件。创新能力是人的自觉能动性的集中体现。

创新能力是创新主体对无法用传统方法或程序来解决的问题采用新颖或创造性方式加以解决的能力，是创新主体在创新活动中表现出来并发展起来的各种能力的总和。

从理性认识角度看，创新能力包括创新思维的能力及为实施创新所需要的一切能力的总和。创新思维的能力就是想前人之未想的能力，具体包括提出问题与解决问题的能力。思维能力、想象能力、记忆能力、观察能力等构成了创新思维能力。实施创新所需要的能力具体包括观察能力、理解能力、分析能力、记忆能力、操作能力、组织能力、宣传能力、公关能力等各种基本能力，是各种基本能力的综合运用。各种基本能力既相对独立，又相互依存、相互促进。

从实践的角度看,创新能力表现为发现问题的敏锐观察能力、统观全局的统摄思维能力、拓展思路求索答案的能力、借鉴经验开拓新途径和转移经验的能力、远见卓识预见未来的能力。不同的人具有不同的创新能力,如科技创新能力、艺术创新能力、经营创新能力、管理创新能力等。现代科学研究表明,在一定智力水平(IQ≈120)以上,创新能力的大小就与智力无关,某些特殊领域如文学、艺术等,创新能力与遗传因素有一定相关性。

2.创新能力的特点。创新能力不是一般性的能力,而是人的知识、技能、智力、智慧及个性、品格的统一与综合。创新能力具有以下显著特点:

(1)综合性:创新能力要把人的认识能力、分析能力、判断能力等集中起来,充分加以运用。①

(2)独创性:创新能力要凭借人的想象力构造出前所未有的形象,打破以前的模式和框架。

(3)探究性:每一步独创、每一种想象都存在失败的可能,因此,勇于探究是人的主观能动作用的表现,是创新能够实现的前提。

创新能力不同于空想,它要求决策者有丰富的知识和经验,有敢想、敢闯的勇气和科学求实的精神,有正确的思维方法和高超的创造技能。创新能力对各类不同的决策都有现实的意义。

(二)创新能力的培养

创新能力是人类突破旧认识、旧事物,探索和创造有价值的新知识、新事物的能力,涉及一个人的多种能力,如逻辑思考能力、无限想象能力、换位共情能力、自我超越能力、方法运用能力、学习创新能力、管理创新能力等,是一个人综合能力的具体体现。研究资料表明,绝大多数人都没能发挥自身所具有的潜在创新能力,因而在现实生活中表现出来的创新能力远远低于潜在的能力水平。因此,开发个人创新能力和培养创新人才是我国培养高素质人才、发展现代化建设的当务之急。

开发创新能力要有3点基本认识:创新能力人皆有之;创新能力是一种潜力,可以开发、也必须开发;开发创新能力必须同时开发左右大脑。

①喻穹.高职教育应注重学生“软技能”培养[J].世界教育信息,2008(1):3.

诺贝尔奖获得者斯佩里教授的研究成果表明：大脑左半球的功能主要是语言、计算、逻辑思维，是理性之脑；大脑右半球则主管形象思维、联想思维、直觉思维、非逻辑思维，是创造之脑。要想开发创新能力就必须加强对右脑的开发，重点在于开发包括想象力及发散能力在内的一系列创造性思维的能力。最有效的右脑开发方法是进行创新训练。

二、创新的方法

法国生理学家贝尔纳说："良好的方法能使我们更好地发挥运用天赋的才能，而拙劣的方法可能阻碍才能的发挥。因此，科学中难能可贵的创造性才华由于方法拙劣可能被削弱，甚至被扼杀；而良好的方法则会增长促进这种才华。"以下列举了常见的创新方法：头脑风暴法、TRIZ理论、奥斯本检核表法、组合创新法、六顶思考帽法、5W2H分析法、Scrum法。

（一）头脑风暴法

在群体决策中，群体成员心理相互影响，易屈于权威或大多数人的意见，形成所谓的"群体思维"。群体思维削弱了群体的批判精神和创造力，损害了决策的质量。为了保证群体决策的创造性、提高决策质量，管理上发展了一系列改善群体决策的方法，头脑风暴法是较为典型的一个。头脑风暴适合于解决简单的问题，常见于创意行业的广告、产品名称、销售方案以及决策前的信息搜集等。

头脑风暴法又称智力激励法、BS法。它是现代创造学奠基人、美国著名创意大师亚历克斯·奥斯本在1939年提出的方法。奥斯本是著名的广告公司BBDO的创始人，BBDO中的O就是指他的姓Osborn。1938年，BBDO公司出现危机，流失了很多重要客户和员工。奥斯本为了挽救公司，想出一套有"创意"的武器系统，希望利用团队合作并结合业务、文案、设计来让这些不同角色的人员合力想出更强、更多的创意。该方法目前已成为创新活动中最常用的方法。

1942年，奥斯本在《思考的方法》一书中第一次公开提出了"头脑风暴"的概念，并提出了开头脑风暴会的4个原则：第一个原则是禁止批判。在开会的时候，所有成员自由畅想，相互之间不能批评；第二个原则是有独特想法。所有成员都要无拘束地发言，气氛要保持轻松自由。点子越新奇越能激发独特创意;第三个原则是量重于质,也就是数量比质量重要。开会的时候围绕主题用撒网捕鱼的方式来捞取大量点子。数量越多,好点子出现的机会越大;第四个原则是结合改善。1+1>2,多个点子合成可以变成更棒的创意。

另外开头脑风暴会议时还要注意7个步骤:①确定具体的主题。如果会议的主题是"减少交通事故",想不出有效解决方案时就改为"让人人戴安全帽",进一步把主题具体化,就会有好点子;②桌子排成四角形,成员围坐成"口"字形。如此发表意见时每个人的眼神容易交会;主持人要带动讨论;③主持人要掌握气氛,帮助每个人从不同角度思考,鼓励大家热烈发言;④聚集各领域人才。参加头脑风暴的人数理想为5~8人,如果成员有与主题相关的专家最好不要过半。越多不同领域的人才对产生点子越有帮助;⑤自由发言,详细记录。记录时不可简化、压缩,要逐字记录。只字片语都会是解决问题的线索;⑥休息。会议进行到一段落,可以让大家休息后再进行。理想的休息时间是60分钟,休息时间可让成员沉淀,从客观角度思考别人的点子;⑦评估。以"独创性"与"实现性"为主评估所有点子的可行度。尝试结合不同点子,提升点子的可行度。

头脑风暴可以分为直接头脑风暴(简称头脑风暴)和质疑头脑风暴(反头脑风暴)2种。头脑风暴是在专家群体决策中尽可能激发其创造性,产生尽可能多的设想;反头脑风暴是对头脑风暴提出的设想或方案进行质疑,并分析其实现的可行性。

头脑风暴是一种通过小型会议的组织形式,让所有参加者在自由愉快、畅所欲言的气氛中自由交换想法或点子,并以此激发与会者创意及灵感,使各种设想在相互碰撞中激起脑海中的创造性"风暴"。

头脑风暴的基本理念是:要获得很好的点子,首先要获得很多的点子;要获得很多的点子,就要靠点子来激发点子。个体头脑之间风暴式的化学反应,带来了"1+1远远大于2"的可能性。比如,某年美国国防部制定长远科技规划。他们邀请了50名专家对规划进行了2周的头脑风暴。新报告诞生,原规划文件中只有25%~30%被保留;松下公司是头脑风暴的忠实信徒,仅1979年一年就获得170万条设想,平均每个员工3条;日本著名创造工程学家志村文彦也用这一方法帮助日本电气公司获得了58项专利,降低成本210亿日元。连接是基础,激发是核心。个体大脑是知识的子集。子集坐在一起并不会自动拼成全集。只有遵守严谨流程的"头脑风暴"才能把子集"连接"成全集,然后通过引发联想、热情感染、唤起竞争、张扬欲望的氛围,"激发"新的创意。

头脑风暴法提高群体思考质量需要遵循的基本原则:①庭外判决原则(延迟评判原则)。对各种意见、方案的评判必须放到最后阶段,此前不能对别人的意见提出批评和评价。认真对待任何一种设想,而不管其是否适当和可行;②自由畅想原则。鼓励参会人员各抒己见,创造一种自由、活跃的气氛,激发参加者提出各种荒诞的想法,使与会者思想放松;③以数量求质量原则。意见越多,产生好意见的可能性越大,这是获得高质量创造性设想的条件;④综合改善原则。探索取长补短和改进的办法,除了提出自己的意见外鼓励参加者对他人已经提出的设想进行补充、改进和综合,强调相互启发、相互补充和相互完善,是头脑风暴法能否成功的标准;⑤突出求异创新。这是头脑风暴法的宗旨;⑥限时限人原则。

头脑风暴会议的实施步骤与准备如下:

1.创造良好的思维环境。为方便提供一个良好的创造性思维环境,该明确会议目标、确定参加会议的最佳人数(以5~8人为宜)和会议进行的时间。一般需将会议讨论的问题提前1~5天发给参会人员。

2.选择合适的主持人。参会人包括主持人、记录人和参加者。主持人是头脑风暴法会议的领导者,对会议的成功与否起着决定性的作用。主持人的职责是严格遵守基本原则、使会场保持热烈的气氛、把握会议的主题并保证全员献计献策。主持人要做好充分的准备并且要有一定的主持会议的技巧,一般不能直接发表意见,只能简单地说"很好,请继续进行",或"很好,让我们改变一下方向"。

3.确定记录员。记录员需要把与会人员的设想全部记录并为其编号,防止遗漏且按编号评价。

4.会议时间。头脑风暴法的时间一般在1小时以内,避免超过2小时的会议。

5.延迟评价。对设想不能在同一天进行评价,再过几天时间有利于提出新的设想,而且评价可以采用头脑风暴法会议的形式进行。设想的分类与整理一般分为实用型和幻想型两类。前者是指目前技术工艺可以实现的设想,后者指目前技术工艺还不能完成的设想。

(1)完善实用型设想:对于实用型设想,再用头脑风暴法去进行论证、二次开发,进一步扩大设想的实现范围。

(2)幻想型设想再开发:对于幻想型设想,再用头脑风暴法进行开发,通过进一步开发,就有可能将创意的萌芽转化为成熟的实用型设想。这是头脑风暴法的一个关键步骤,也是该方法质量高低的明显标志。

头脑风暴法成功的关键是讨论方式,即与会人员能否进行充分、非评价性和无偏见的交流,做到自由畅谈、延迟评判、禁止批评和追求数量。同时,参与人员的素质也对成功具有一定的影响。

在决策过程中,对直接头脑风暴提出的系统化的方案和设想进行现实可行性评估的3个阶段:第一阶段,参加者对每一个提出的设想都要质疑并进行全面讨论,评论的重点是设想实现的所有限制性条件;第二阶段,对每一组或每一个设想编制一个评论意见一览表以及可行性设想一览表;第三阶段,对质疑过程中抽出的评价意见进行估价,以便形成一个实际可行的最终设想。在3个阶段中,质疑过程需要一直进行到没有问题可以质疑为止。分析组负责处理和分析质疑的结果。如需在短时间内就重大问题进行决策,分析小组需吸收一定数量的专家。

头脑风暴的正确使用方法:①第一个建议。个人独立思考与团体思考可以先拆开再整合,也就是让各自先独立思考,然后再聚集到一起开会。比如,假如有6个成员开会,那么每个人先写下针对主题的3个想法,然后传给隔壁的人。每个人对拿到的想法加以补充,再传给下一个人。这样进行5轮,等于每个人都有机会补充其他5个人的意见。当所有人的意见都汇总后再坐在一起进行讨论和评估。这样,我们就可以避免开会弊端的同时发挥出头脑风暴的优点;②第二个建议。一定要把想法写下来甚至画出来,把你的思路图像化。开会时,一般通过讲话来交流,用文字写下想法或者记录别人的想法。但

is我们平常在使用文字的时候为了效率会习惯性地压缩信息。比如，我们在记别人讲话时，因为效率问题，大部分就是从别人的一堆话中快速截取某个关键字词并把它记录下来。这样一来信息都是高度压缩的，不利于产生创意。所以，在头脑风暴的时候建议尝试把思路图像化，这样就会有意想不到的收获。

(二)TRIZ理论

TRIZ被译为"发明问题解决理论"，该理论由阿奇舒勒在1946年创立，他被尊称为"TRIZ之父"。阿奇舒勒发现任何领域的产品改进，技术的变革、创新和生物系统一样，都存在产生、生长、成熟、衰老、灭亡，是有规律可循的；人们如果掌握了这些规律就能主动地进行产品设计并能预测产品趋势；以后数十年，阿奇舒勒穷其毕生的精力致力于TRIZ理论的研究和完善。在他的领导下，苏联的研究机构、大学、企业组成了TRIZ的研究团体，分析了世界近250万份高水平的发明专利，总结出各种技术发展进化遵循的规律模式，以及解决各种技术矛盾和物理矛盾的创新原理和法则，建立了一个由解决技术和实现创新开发的各种方法、算法组成的综合理论体系，并综合多学科领域的原理和法则，建立起TRIZ理论体系。

1.现代TRIZ理论法的核心思想。核心思想包括：①无论是简单的产品还是复杂的技术系统，都具有相应的客观进化规律和模式；②各种难题、矛盾和冲突的不断解决，是推动这种进化的动力；③技术系统发展，其理想状态是使用尽量少的资源实现尽量多的功能。

创新从最通俗的意义上讲就是创造性地发现问题和创造性地解决问题的过程。TRIZ理论的强大作用正在于它为人们创造性地发现问题和解决问题提供了系统的理论和方法工具。

2.TRIZ理论的主要内容。

(1)创新思维方法与问题分析方法：TRIZ理论中提供了如何系统分析问题的科学方法，如多屏幕法；而对于复杂问题的分析则包含了科学的问题分析建模方法——物—场分析法，它可以帮助人们快速确认核心问题，发现根本矛盾所在。

（2）技术系统进化法则：针对技术系统的进化演变规律，在大量专利分析的基础上TRIZ理论总结提炼出8个基本进化法则。利用这些进化法则可以分析确认当前产品的技术状态，并预测未来发展趋势，开发富有竞争力的新产品。

（3）技术矛盾解决原理：不同的发明创造往往遵循共同的规律。TRIZ理论将这些共同的规律归纳成40个创新原理，针对具体的技术矛盾，可以基于这些创新原理，结合工程实际寻求具体的解决方案。

（4）创新问题标准解法：针对具体问题的物场模型的不同特征，分别对应不同的模型处理方法，包括模型的修整、转换、物质与场的添加等。

（5）发明问题解决算法ARIZ：主要针对问题情境复杂、矛盾及其相关部件不明确的技术系统。它是一个对初始问题进行一系列变形及再定义的过程，实现对问题的逐步深入分析，进行问题转化，直至问题的解决。

（6）基于工程学原理构建知识库：基于物理、化学、几何学等领域的数百万项发明专利的分析结果而构建的知识库，可以为技术创新提供丰富的方案来源。

3.TRIZ解决过程。发明问题解决理论的核心是技术进化原理。按这一原理，技术系统一直处于进化之中，解决冲突是其进化的推动力。进化速度随技术系统一般冲突的解决而降低，使其产生突变的唯一方法是解决阻碍其进化的深层次冲突。

在利用TRIZ解决问题的过程中，设计者首先将待设计的产品表达成为TRIZ问题，然后利用TRIZ中的工具，如发明原理、标准解等，求出该TRIZ问题的普适解或称模拟解，最后设计者再把该解转化为领域的解或特解。

4.TRIZ常用工具。阿奇舒勒和他的TRIZ研究机构提出了TRIZ系列的多种工具，如冲突矩阵、76标准解答、ARIZ、AFD、物—场分析、ISQ、DE，以及40个创新原理，39个工程技术特性，物理学、化学、几何学等工程学原理知识库等，常用的有基于宏观的矛盾矩阵法（冲突矩阵法）和基于微观的物场变换法。事实上，TRIZ针对输入输出的关系（效应）、冲突和技术进化都有比较完善的理论。这些工具为创新理论软件化提供了基础，从而为TRIZ的实际应用提供了条件。

5.TRIZ优势。相对于传统的创新方法,如试错法、头脑风暴法等,TRIZ理论具有鲜明的特点和优势。它成功地揭示了创造发明的内在规律和原理,着力于澄清和强调系统中存在的矛盾,而不是逃避矛盾,其目标是完全解决矛盾,获得最终的理想解,而不是采取折中或者妥协的做法,而且它是基于技术的发展演化规律研究整个设计与开发过程,而不再是随机的行为。实践证明,运用TRIZ理论可大大加快人们创造发明的进程而且能得到高质量的创新产品。它能够帮助我们系统地分析问题情境,快速发现问题本质或者矛盾,它能够准确确定问题探索方向,突破思维障碍,打破思维定式,以新的视角分析问题,进行系统思维,能根据技术进化规律预测未来发展趋势,帮助我们开发富有竞争力的新产品。

6.TRIZ应用。TRIZ是专门研究创新设计的理论,并建立一系列的普适性工具帮助设计者尽快获得满意的领域解。TRIZ作为解决技术问题或发明问题的一种强有力方法,并不是针对某个具体的机构、机械或过程,而是要建立解决问题的模型及指明问题解决对策的探索方向。TRIZ的原理、算法也不局限于任何特定的应用领域。因此,TRIZ可以广泛应用于各个领域创造性地解决问题。不仅在苏联得到广泛应用,在美国的很多企业特别是大企业,如波音、通用、克莱斯勒、摩托罗拉等的新产品开发中也得到了应用,创造了可观的经济效益。2003年,三星电子采用TRIZ理论指导项目研发而节约相关成本15亿美元,同时通过在67个研发项目中运用TRIZ技术成功申请了52项专利。仅仅1项创新技术就能对一个跨国企业产生如此大的影响,这种情况是不多见的,TRIZ的创始人阿奇舒勒对此也始料未及。

从1997年三星引入TRIZ理论到2003年三星应用TRIZ取得了显著的创新成果,很多创新环节需要TRIZ专家的协助才能完成,而且这些专家往往都有10年以上的TRIZ应用经验并通晓不同的工程领域,三星的这种创新模式为"专家辅助创新"。

7.TRIZ常见的基本措施。

(1)分割原则:①将物体分成独立的部分;②使物体成为可拆卸的;③增加物体的分割程度。

例:货船分成同型的几个部分,必要时可将船加长些或变短些。

(2)拆出原则:从物体中拆出"干扰"部分("干扰"特性),或者分出唯一需要的部分或需要的特性。与分割原则中把物体分成几个相同部分的技法相反,这里是要把物体分成几个不同的部分。比如,一般小游艇的照明和其他用电是艇上发动机带动发电机供给的,为了停泊时能继续供电要安装一个由内燃机传动的辅助发电机。发动机必然造成噪声和振动,建议将发动机和发电机分置于距游艇不远的2个容器里,用电缆连接。

(3)局部性质原则:①从物体或外部介质(外部作用)的一致结构过渡到不一致结构;②物体的不同部分应当具有不同的功能;③物体的每一部分均应具备最适于它工作的条件。

比如,为了防治矿山坑道里的粉尘,向工具(钻机和料车的工作机构)呈锥体状喷洒小水珠。水珠愈小,除尘效果愈好,但小水珠容易形成雾,这使工作困难。解决办法就是在环绕小水珠锥体外层再造成一层大水珠。

(4)不对称原则:物体的对称形式转为不对称形式;如果物体不是对称的,则加强它的不对称程度。比如,防撞汽车轮胎具有一个高强度的侧缘,以抵抗人行道路缘石的碰撞。

(5)组合原则:把相同的物体或完成类似操作的物体组合起来;把时间上相同或类似的操作联合起来。比如,双联显微镜组,由一个人操作,另一个人观察和记录。

(6)多功能原则:一个物体执行多种不同功能,因而不需要其他物体。

(7)重量补偿原则:将物体与具有上升力的另一物体结合以抵消其重量,比如,氢气球吊起广告牌;将物体与介质(最好是气动力和液动力)相互作用以抵消其重量。比如,把调节转子风力机转数的制动式离心调节器安在转子垂直轴上。是为了在风力增大时把转子转速控制在小的转数范围内,将调节器离心片做成叶片状,以保证气动制动。有趣的是,在发明公式中明显地反映了发明所克服的矛盾。在给定的风力和给定的离心片质量的条件下获得了一定的转数。为了减少转数(当风力增大时)必须增大离心片质量,但离心片在旋转,很难靠近它。于是矛盾这样消除,使离心片具有形成气动制动的形状,即把离心片制成具有负迎角的翼状。总的设想显而易见;如果需要改变转动物体的质量,而其质量又不能按照一定的要求改变,那么应使该物体成为翼状的,改变翼片运动方向的倾斜角度,便可获得需要方向的附加力。

(8)预先反作用原则:如果按课题条件必须完成某种作用,则应提前完成反作用。例杯形车刀、车削。方法是在车削过程中车刀绕自己的几何轴转动。其特征是为了防止产生振动,应预先向杯形车刀施加负荷力,此力应与切削过程中产生的力大小相近、方向相反。

(9)预先作用原则:预先完成要求的作用(整个的或部分的);预先将物体安放妥当,使它们能在现场和最方便地点立即完成所需的作用。

(10)等势原则:改变工作条件,使物体上升或下降。

(11)相反原则:不实现课题条件规定的作用而实现相反的作用;使物体或外部介质的活动部分成为不动的,而使不动的成为可动的;将物体颠倒。

(12)球形原则:从直线部分过渡到曲线部分,从平面过渡到球面,从正六面体或平行六面体过渡到球形结构;从直线运动过渡到旋转运动,利用离心力。

(三)奥斯本检核表法

检核表法就是采用一张一览表,对需要解决的问题逐条进行核计,进而从各个角度诱导出多种创意设想的方法。人们创造出了多种检核表,其中最常用的就是奥斯本检核表。奥斯本检核表法是一种产生创意的方法。在众多的创造技法中,这种方法是一种效果比较理想的技法。由于它突出的效果被誉为创造之母。人们运用这种方法产生了很多杰出的创意以及大量的发明创造。

亚历克斯·奥斯本是美国创新技法和创新过程之父。1941年出版的《思考的方法》一书中提出了世界第一个创新发明技法"智力激励法"。1941年,他出版了世界上第一部创新学专著——《创造性想象》,提出了奥斯本检核表法。此书的销量达4亿册,超过了《圣经》。

奥斯本检核表法就是以提问的方式,根据创造或解决问题的需要,列出一系列提纲式的提问,形成检核表,然后对问题进行讨论,最终确定最优方案的方法。见表2-1。

表2-1 奥斯本检核表法九大问题

序号	检核项目	说明
1	能否他用	能否还有其他的用途？保持不变能否扩大用途？稍加改变有无其他用途？
2	能否借用	能否从别处得到启发？能否借用别处的经验和发明？过去有无类似的东西可供模仿？谁的东西可模仿？现有的发明能否引入到其他的创造设想之中？
3	能否改变	能否可以做某些改变？改变一下会怎样？可改变一下形状、颜色、音响、味道吗？是否可能改变一下型号或运动形式？……改变之后，效果如何？
4	能否扩大	能否扩大适用范围？能否增加使用功能？能否添加零部件，延长它的使用寿命，增加长度、厚度、强度、频率、速度、数量、价值？
5	能否缩小	能否体积变小、长度变短、重量变轻、厚度变薄以及拆分或省略某些部分（简单化）？能否浓缩化、省力化、方便化？
6	能否替代	能否用其他材料、原件、方法、工艺、功能等来代替？
7	能否调整	能否变换排列顺序、位置、时间、速度、计划、型号？内部元件可否交换？
8	能否颠倒	能否正反颠倒、里外颠倒、目标手段颠倒等？
9	能否组合	能否进行原理组合、材料组合、部件组合、形状组合、功能组合、目的组合？

奥斯本检核表法的"三步走"实施步骤：第一步是根据创新对象明确需要解决的问题；第二步是参照表中列出的问题，运用丰富的想象力，强制性地逐个核对讨论，写出新设想；第三步是对新设想进行筛选，将最有价值和创新性的设想筛选出来。

奥斯本检核表法的注意事项：①对所列举的事项逐条核检，确保不遗漏；②尽量多核检几遍，以确保较为准确地选择出所需创新、发明的方面；③进行检索时，可将每一大类问题作为一种单独的创新方法来运用；④核检方式可根据需要进行多种变化。

奥斯本检核表法突出的优点是使得思考问题的角度具体化，缺点是必须选定单个改进对象然后才能设法加以改进。因此，该方法不是原创型的，但有时候可以产生原创型的创意。奥斯本的检核表法属于横向思维，以直观、直接的方式激发思维活动，是一种强制性思考过程，有利于突破不愿提问的心理障碍。很多时候，善于提问本身就是一种创造，操作十分方便，效果也相当好。

奥斯本在研究和总结大量近现代科学发现、发明、创造事例的基础上归纳出,对于任何领域创造性地解决问题都是适用的9组,75个问题,具体如下:

1.现有的东西(如发明、材料、方法等)有无其他用途? 保持原状不变能否扩大用途? 稍加改变,有无别的用途?

人们从事创造活动时往往沿这样两条途径:一条是当某个目标确定后,沿着从目标到方法的途径,根据目标找出达到目标的方法;另一条则与此相反,首先发现一种事实,然后想象这一事实能起什么作用,即从方法入手将思维引向目标。后一种方法是人们最常用的,而且随着科学技术的发展,这种方法将越来越广泛地得到应用。

某个东西,"还能有其他什么用途?""还能用其他什么方法使用它?"这能使我们的想象活跃起来。当我们拥有某种材料,为扩大它的用途、打开它的市场,就必须善于进行这种思考。德国有人想出了300种利用花生的实用方法,仅仅用于烹调,他就想出了100多种方法。橡胶有什么用处? 有家公司提出了成千上万种设想,如用它制成床毯、浴盆、人行道边饰、衣夹、鸟笼、门扶手、棺材、墓碑,等等。炉渣有什么用处? 废料有什么用处? 边角料有什么用处? ……当人们将自己的想象投入这条广阔的"高速公路"上就会以丰富的想象力产生出更多的好设想。

2.能否从别处得到启发? 能否借用别处的经验或发明? 外界有无相似的想法? 能否借鉴? 过去有无类似的东西? 有什么东西可供模仿? 谁的东西可供模仿? 现有的发明能否引入其他的创造性设想之中?

当伦琴发现"X光"时并没有预见到这种射线的任何用途。因而当他发现这项发现具有广泛用途时感到吃惊。通过联想借鉴,现在人们不仅已用"X光"来治疗疾病,外科医生还用它来观察人体的内部情况。同样,电灯在开始时只用来照明,后来改进了光线的波长,发明了紫外线灯、红外线加热灯、灭菌灯,等等。科学技术的重大进步不仅表现在某些科学技术难题的突破上,也表现在科学技术成果的推广应用上。一种新产品、新工艺、新材料必将随着它的越来越多的新应用而显示其生命力。

3.现有的东西是否可以做某些改变? 改变一下会怎么样? 可否改变一下

形状、颜色、音响、味道？是否可改变一下意义、型号、模具、运动形式？……改变之后，效果又将如何？如汽车，有时改变一下车身的颜色就会增加汽车的美感，从而增加销售量。又如面包，给它裹上一层芳香的包装就能提高嗅觉诱力。据说妇女用的游泳衣是婴儿衣服的模仿品，而滚柱轴承改成滚珠轴承就是改变形状的结果。

4.放大、扩大。现有的东西能否扩大使用范围？能不能增加一些东西？能否添加部件、拉长时间、增加长度、提高强度、延长使用寿命、提高价值、加快转速？

在自我发问的技巧中，研究"再多些"与"再少些"这类有关联的成分，能给想象提供大量的构思设想。使用加法和乘法便可能使人们扩大探索的领域。

"为什么不用更大的包装呢？"——橡胶工厂大量使用的黏合剂通常装在1加仑的马口铁桶中出售，使用后便扔掉。有位工人建议黏合剂装在50加仑的容器内，容器可反复使用，节省了大量马口铁。"能改变一下成分吗？"——牙膏中加入某种配料就成了具有某种附加功能的牙膏。

5.缩小、省略。缩小一些怎么样？现在的东西能否缩小体积、减轻重量、降低高度、压缩变薄？能否省略？能否进一步细分？袖珍式收音机、微型计算机、折叠伞等就是缩小的产物。没有内胎的轮胎，尽可能删去细节的漫画，这都是省略的结果。

6.能否代用。可否由别的东西代替？由别人代替？用别的材料、零件代替，用别的方法、工艺代替，用别的能源代替？可否选取其他地点？如在气体中用液压传动来替代金属齿轮，又如用充氩的办法来代替电灯泡中的真空，提高钨丝灯泡的亮度。通过取代、替换的途径也可以为想象提供广阔的探索领域。

7.从调换的角度思考问题。能否更换一下先后顺序？可否调换元件、部件？是否可用其他型号？可否改成另一种安排方式？原因与结果能否对换位置？能否变换一下日程？更换一下，会怎么样？

重新安排通常会带来很多的创造性设想。飞机诞生的初期，螺旋桨安排在头部，后来将它装到了顶部成了直升机，喷气式飞机则把它安放在尾部，说明通过重新安排可以产生种种创造性设想。商店柜台的重新安排、营业时间的合理调整、电视节目的顺序安排、机器设备的布局调整都有可能导致更好的结果。

8.从相反方向思考问题,通过对比也能成为萌发想象的宝贵源泉,可以启发人的思路。倒过来会怎么样? 上下是否可以倒过来? 左右、前后是否可以对换位置? 里外可否倒换? 正反是否可以倒换? 可否用否定代替肯定?

这是一种反向思维的方法,它在创造活动中是一种颇为常见和有用的思维方法。第一次世界大战期间,有人就曾运用这种"颠倒"的设想建造舰船,建造速度也有了显著的加快。

9.从综合的角度分析问题。组合起来怎么样? 能否装配成一个系统? 能否把目的进行组合? 能否将各种想法进行综合? 能否把各种部件进行组合?

例如,把铅笔和橡皮组合在一起成为带橡皮的铅笔,把几种部件组合在一起变成组合机床,把几种金属组合在一起变成种种性能不同的合金,把几件材料组合在一起制成复合材料,把几个企业组合在一起构成横向联合……

(四)组合创新

人类的许多创造成果来源于组合。世界著名科学家布莱斯曾说过:"组织得好的石头能成为建筑,组织得好的词汇能成为漂亮的文章,组织得好的想象和激情能成为优美的诗篇。""宫、商、角、徵、羽"五律变化出无穷无尽的新音调,组成新的音乐作品,每一首都不同。青、白、赤、黑、黄五色组合出目不暇接的新颜色,组成不同的风景、不同的作品。通过对各种家具进行结构上的改进与联系,使得组合家具既有利于组合又便于拆卸,使用效率和有效性大大超过了传统家具,如沙发床,将床与沙发的概念进行整合。这就是组合的力量。

组合创新法是指按照一定的技术原理,通过将两个或多个功能元素合并,从而形成的一种具有新功能的新产品、新工艺、新材料的创新方法;或者是利用创新思维将已知的若干事物合并成一个新的事物,使其在性能和服务功能等方面发生变化,以产生出新的价值。以产品创新为例,可根据市场需求分析比较,得到有创新性的新的技术产物的过程就是组合创新的过程,包括功能组合、材料组合、原理组合等。同样,发明创造也离不开现有技术、材料的组合。

(五)六顶思考帽法

六顶思考帽法是英国学者爱德华·德·波诺博士开发的一种思维训练模式,也被认为是一个全面思考问题的模型。六顶思考帽法是平行思维工具,是创新思维工具,也是人际沟通的操作框架,更是提高团队智商的有效方法。该方法提供了"平行思维"的工具,避免了将有限的时间浪费在互相争执上;它强调的是"能够成为什么",而并非"本身是什么",试图寻求一条向前发展的路径或方法,而非争论对错。运用本方法可以使混乱的思考变得更清晰,使团体中无意义的争论变成集思广益的创造,使团体中的每个人变得富有创造性。

世界创新思维、概念思维领域的专家爱德华·德·波诺说,每个人都有六顶不同颜色的、代表不同思维方式的帽子,它们是:①代表"信息"的白帽,充分搜集数据、信息和所有需要了解的情况;②代表"价值"的黄帽,集中发现价值、好处和利益;③代表"感觉"的红帽,让团队成员释放情绪和互相了解感受;④代表"创造"的绿帽,专注于想点子,寻找解决办法;⑤代表"困难"的黑帽,只专注缺陷,找到问题所在;⑥代表"管理思维过程"的蓝帽,安排思考顺序,分配思考时间。

如果你戴着黑色"困难"的帽子,你会觉得"合约制婚姻"充满挑战,孩子怎么办?夫妻哪还有信任可言?如果你戴着黄色"价值"的帽子,你会觉得简直明天就该离婚,大量"将就将就吧"的婚姻从此解放。如果你戴着红色"感觉"的帽子呢?你会觉得"反正我就是不喜欢这个主意,就是不喜欢,别和我说,我也不想听"。

这六种完全不同的思维方式在一个人的大脑中彼此对抗、在一群人的讨论中寸土不让,最后浪费了大量的时间,却没有结论。

人们应该训练一种思考能力,让所有人在同一时刻只戴一项思考帽,充分思考后再换另一顶帽子。这种从争论式的"对抗性思维"走向集思广益式的"平行思维"就叫作"六顶思考帽法"。比如,关于合约制婚姻的问题就可以试试"蓝白黄黑绿红蓝"的思考方法。蓝帽主持讨论流程。先让所有人戴上白帽,搜集全球合约制婚姻相关的信息;然后戴上黄帽,专注想想,这么做所有可能出现的好处,哪怕很小;接着,再戴上黑帽,依旧这么做,会带来的所有问题和实施的一切困难;再然后,戴上绿帽,穷尽解决问题、克服困难的方法;再戴上红帽,表达情绪,基于信息、价值、困难、创造,你感觉是否赞同合约制婚姻。最后,蓝帽总结讨论结果。本来三天三夜不会有结果的讨论很快就会讨论完了,即使最后没有结论,这个"没有结论"也会来得更快一些。

"六顶思考帽"的多种戴法:"蓝白黄黑绿红蓝"的思考方法可以用在很多地方。当然除了这个组合,"六顶思考帽"还有很多种戴法。简单问题,可以戴"蓝白绿";改进流程,可以戴"黑绿";寻找机会,可以戴"白黄";保持谨慎,可以戴"白黑";做出选择,可以戴"黄黑红"等等。

使用"六顶思考帽法"的几个基本建议:①白帽先行。通常,我们应该从获取信息开始,这会使得其他的思考帽有讨论的坚实基础;②黄在黑前。先思考价值,再思考困难,有助于我们产生正向的动机,获得正能量;③黑后有绿。黑帽让我们看到问题、困难、风险,但黑后有绿,鼓励思考者探索黑帽是否有解决方案。

其实,"六顶思考帽法"的逻辑和彩色打印机很相似。彩色打印机有青、红、黄、黑4种颜色,它把每种颜色分4次打印在同一张纸上最终形成了彩色照片。所以就可以把"六顶思考帽法"称之为"彩色思考"。"六顶思考帽法"的含义、功能、特点及创新任务见表2-2。

表2-2 "六顶思考帽法"的含义、功能、特点及创新任务

帽子	含义、功能、特点	承担创新工作任务
白色	白色代表中立与客观。戴上白色思考帽,人们就只是关注事实和数据	陈述问题事实
红色	红色代表感性和直觉,使用时不需要给出证明和依据。戴上红色思考帽,人们可以表现自己的情绪,还可以表达直觉、感受、预感等方面的看法	对方案进行直觉判断
黄色	黄色代表价值与肯定。戴上黄色思考帽,人们从正面考虑问题,表达乐观的、满怀希望的、建设性的观点	评估该方案的优点
黑色	黑色代表谨慎与消极。戴上黑色思考帽,人们可以运用否定、怀疑、谨慎、质疑的看法,合乎逻辑地进行批判,尽情发表负面的意见,找出逻辑上的错误,进行逻辑判断和评估	列举该方案的缺点
绿色	绿色代表跳跃与创造,寓意创造力和想象力,具有创造性思考、头脑风暴、求异思维等功能。戴上绿色思考帽,人们不需要以逻辑性为基础,可以帮助人们寻求新方案和备选方案,做出多种假设,并为创造力的尝试提供时间和空间	提出如何解决问题的建议

帽子	含义、功能、特点	承担创新工作任务
蓝色	蓝色代表冷静,负责控制各种思考帽的使用顺序,规划和管理整个思考过程,并负责做出结论。戴上蓝色思考帽,人们可以集中思考和再次集中思考,指出不合适的意见等	总结陈述,做出决策

"六顶思考帽法"是一个操作简单、经过反复验证的思维工具,它给人以热情、勇气和创造力,让每一次会议、讨论、报告和决策都充满新意和生命力。这个工具能够帮助人们提出建设性的观点;聆听别人的观点;从不同角度思考同一个问题,从而创造高效能的解决方案;用"平行思维"取代批判式思维和垂直思维;提高团队成员的集思广益能力。

"六顶思考帽法"的作用和价值:①这种思维区别于批判性、辩论性、对立性的方法,是一种具有建设性、设计性和创新性的思维管理工具;②它使思考者克服情绪感染,剔除思维的无助和混乱,摆脱习惯思维枷锁的束缚,以更高效率的方式进行思考;③用六种颜色的帽子这种形象化的手段使我们非常容易驾驭复杂性的思维;④当你认为问题无法解决时,"六顶思考帽"就会给你一个崭新的方式;⑤各种不同的想法和观点能够和谐地组织在一起,避免人与人之间的对抗;⑥经过一个深思熟虑的过程,最后去寻找答案;⑦避免自负和片面性。六顶帽子代表了六种思维方式,几乎涵盖了思维的整个过程,既可以有效地支持个人的行为,也可以支持团体讨论中的互相激发。

"六顶思考帽法"已被美、日、英、澳等50多个国家的政府认可,并将其设为教学课程;同时也被世界许多著名商业组织作为创造组织合力和增加创造力的通用工具,比如,微软、IBM、西门子、波音、松下、杜邦以及麦当劳等。因为使用"六顶思考帽",J.P.Morgan将会议时间减少了80%,英国Channel 4电视台在两天内创造出的新点子比过去6个月里想出的还要多;施乐公司用不到一天的时间就完成了过去一周才能完成的工作。

(六)5W2H分析法

1.5W2H分析法的基础内容。5W2H分析法又叫7问分析法,由第二次世界大战中美国陆军兵器修理部首创。5W2H法是发明者用5个以W开头的英语单词和2个以H开头的英语单词进行设问,以发现解决问题的线索,寻找发明思路,进行设计构思,从而创造出新的发明项目。

5W2H分析法并不复杂,却是"步骤化、清单化"的管理思想的典型代表,帮助使用者更缜密地找到问题,变革创新,分配任务。该方法方便,易于理解、使用,富有启发意义,被广泛用于企业管理和技术活动,对于决策和执行性的活动措施也非常有帮助,也有助于弥补考虑问题的疏漏。

7问包括:What——是什么? 目的是什么? 做什么工作? Why——为什么要做? 可不可以不做? 有没有替代方案? Who——谁? 由谁来做? When——何时? 什么时间做? 什么时机最适宜? Where——何处? 在哪里做? How——怎么做? 如何提高效率? 如何实施? 方法是什么? How much——多少? 做到什么程度? 数量如何? 质量水平如何? 费用产出如何?

提出疑问对于发现问题和解决问题是极其重要的。创造力高的人都具有善于提问题的能力。众所周知,提出一个好的问题就意味着问题解决了一半;较高的提问题的技巧可以让人充分发挥自己的想象力。相反,有些问题提出来,反而挫伤人的想象力。

5W2H分析法具有以下优势:①可以准确界定并清晰表述问题,提高工作效率;②有效掌控事件本质,完全抓住主骨架,把事件打回原形思考;③简单、方便,易于理解、使用,富有启发意义;④有助于思路的条理化,杜绝盲目性。有助于全面思考问题,从而避免在流程设计中遗漏项目。

5W2H分析法的3种常见用法如下:

(1)用5W2H法找到问题:下属反映前员工俱乐部最近不温不火,要搞明白这个问题,你可以试着拿起5W2H检查板。

What:前员工俱乐部的互动越来越少;

Where:减少的是微信群里的发言数量;

When:最近3周,尤其是最近1周;

Who:都不怎么发言了,尤其是以前最活跃的几个人;

How Much:500人的群,过去每天有1000条以上的发言,现在降到了几十条;

Why:这可能是因为群里水平高低不齐,话题价值不一,越来越多人疲累了。

这样,就将"前员工俱乐部最近不温不火"的问题具体化了。

(2)用5W2H法变革创新:在思维导图前,面对中央的"前员工俱乐部"6个大字,开始用5W2H法,围绕7个问题层层展开。甚至可以试着把这7个问题中的每一个,继续深入4个层次,寻找创新机会。比如,Why:做前员工俱乐部的原因是什么?第一层深入是因为要保持和前员工的联系;第二层深入是为什么要保持和前员工的联系?因为希望前员工帮助推广产品、推荐员工、给新产品提意见;第三层深入是有更合适的实现这些目标的方法吗?有,比如邀请其中一些真正有影响力、有能力的成为"荣誉顾问";第四层深入是为什么这么做更合适?因为避免了很多无效沟通。

在"前员工俱乐部"的基础上设计了更有效的"荣誉顾问"计划。

(3)用5W2H法分配任务:会议结束时一定要带着3W(Who,What,When)离开。这个3W,其实就是5W2H的一个子集。比如,"李雷,帮我调查调查前员工俱乐部的现状,明天向我汇报"。这是3W。更缜密一些呢,"李雷,老板希望改善前员工俱乐部的运营,你先帮我调查一下现状,列出好的10点、不好的10点。明天下午4点,在我办公室汇报。你可以找韩梅梅帮你一下"。

2.5W2H法的应用程序。以检查原产品的合理性为例进行说明。

(1)检查原产品的合理性。

①为什么(Why):为什么采用这个技术参数?为什么不能有响声?为什么停用?为什么变成红色?为什么要做成这个形状?为什么采用机器代替人力?为什么产品的制造要经过这么多环节?为什么非做不可?

②做什么(What):条件是什么?哪一部分工作要做?目的是什么?重点是什么?与什么有关系?功能是什么?规范是什么?工作对象是什么?

③谁(Who):谁来办最方便?谁会生产?谁可以办?谁是顾客?谁被忽略了?谁是决策人?谁会受益?

④何时(When):何时要完成?何时安装?何时销售?何时是最佳营业时间?何时工作人员容易疲劳?何时产量最高?何时完成最为时宜?需要几天才算合理?

⑤何地(Where):何地最适宜某物生长?何处生产最经济?从何处买?还

有什么地方可以做销售点？安装在什么地方最合适？何地有资源？

⑥怎样（How to）：怎样做省力？怎样做最快？怎样做效率最高？怎样改进？怎样得到？怎样避免失败？怎样求发展？怎样增加销路？怎样达到效率？怎样才能使产品更加美观大方？怎样使产品用起来方便？

⑦多少（How much）：功能指标达到多少？销售多少？成本多少？输出功率多少？效率多高？尺寸多少？重量多少？

（2）找出主要优缺点：如果现行的做法或产品经过7个问题的审核已无懈可击，便可认为这一做法或产品可取。如果7个问题中有一个答复不能令人满意，则表示这方面有改进余地。若有独创的优点，可以进行放大。

（3）决定设计新产品：克服原产品的缺点，扩大原产品独特优点的效用。5W2H的思维方式可以使管理精确化、数字化，在做任何事情时避免盲目性或感情用事。在审查产品或者改善产品时启用5W2H分析法可以看到产品是否有价值、是否值得去做。

（七）Scrum管理法

Scrum是橄榄球比赛中"争球"的意思，可以理解为争球时的敏捷、激情和你争我抢。该方法是广泛应用于IT界的一套项目管理工具。竞争没有不惨烈的，只有低水平的惨烈和高水平的惨烈。Scrum是降维打击的常用工具之一。

Scrum是3个角色（产品负责人、Scrum专家、团队成员）、4个仪式（冲刺计划会、每日站会、冲刺评审会、冲刺回顾会）和3个物件（产品积压、冲刺积压、燃尽图）组成的一套项目管理方法。

首先，要有一份"产品积压"。积压就是自带"赶快处理我吧"这种情绪的需求清单。然后举行冲刺计划会。"冲刺"是一次竭尽全力的短跑。Scrum的核心是把整个项目分成若干个冲刺，每次2~4周，冲完一次再来一次。"产品负责人"，召开冲刺计划会，定下3件事，即冲刺目标、冲刺方法和分配任务。然后把目标、方法、任务画在白色的看板上，作为团队最重要的工作台。

在每日站会的紧张感和剩余任务逐渐燃尽的成就感中一轮冲刺结束，开启冲刺评审会和冲刺回顾会。冲刺评审会由产品负责人主持，一起审阅产品。

冲刺回顾会讨论开始做什么、停止做什么、继续做什么。

Scrum的本质是把一次漫长的长跑分割成一段段全力以赴的冲刺,通过流程提高效率。"死磕自己"不仅是一种精神,但更是一种方法。高手都有一套帮助自己自律的工具。

李笑来说:"我看到你目光炯炯,我知道你们刚刚决心重新做人……我倒是想知道你们能坚持多久。"人和人起步的时间、地点、空间其实都各不相同,最终每个人都能爬到的高度其实也各不相同。不是每个人都有机会爬上梯子的最顶端,对有些人来说,爬过梯子的一两格可能就断了……

第三章 大学生的创业机会与创业风险

创业是基于机会的市场驱动行为,创业机会实际上是一种亟待满足的市场需求。因此,创业是发现市场需求、寻找市场机会、通过投资经营企业来满足这种需求的活动。创业活动的本质体现在:创业活动的显著特点是机会导向,创业往往是从识别、评价、把握和利用某个或某些商业机会开始的。创业活动的机会导向表现为创造价值,创业意味着要向顾客提供有价值的产品和服务,透过产品和服务使消费者的需求得到实质性的满足。如何识别与把握创业机会并成功创业是创业者亟待解决的问题。与此同时,创业者和创业企业也承担着巨大的风险。据美国纳斯达克市场分析指出,20%～30%的创业公司的巨大成功是以70%～80%的企业失败为代价的。特别是由于创业计划与创业企业的复杂性,导致创业活动可能会偏离预期目标,因此,创业风险的识别是预防创业失败的有效方式。

第一节 创业机会识别与评价

一、创业机会识别

(一)创业机会

创业机会主要是指具有较强吸引力的、较为持久的有利于创业的商业机会,创业者据此可以为客户提供有价值的产品或服务,并同时使创业者自身获益。为了深入地理解创业机会,我们需要对创意和机会、创业机会与商业机会进行了解。

1.创意和机会。

(1)创意和机会的含义:创意是对传统的叛逆,是打破常规的哲学,是破旧立新的创造与毁灭的循环,是思维碰撞、智慧对接,是具有新颖性和创造性的想法,不同于寻常的解决方法。创意由人的知识、智力、能力及优良的个性品质等复杂因素综合优化而成。

机会是指具有时间性的有利情况。社会预测学家托·富勒说:"一个明智的人总是抓住机遇,把它变成美好的未来。"

(2)创意与机会的关系:创业机会的识别源自创意的产生。创意是具有一定创造性的想法,在新的或者改进的产品和服务中肯定不乏各种各样的创意,把握住了任何一个稍纵即逝的、真正的好创意,创业就等于成功了一半。

创意并不等于创业机会。首先有创意并不一定是个好创意。创意是一种创新,其突出的标志是具有新颖性、独特性。一个创意可以天马行空,可以不必十分注重其现实的可能性。好的创意除了具备新颖性、独特性外,还应具备实用性和价值性,即能够付诸实施,并能给社会带来真正的价值;其次,一个好的创意并不一定就是一个好的创业机会。创意是创业机会的一部分,创业机会还包括经验、人才、人脉、资金、管理等诸多方面。好的创意好比一颗种子,需要具备水分、阳光等条件才能生根发芽;好的创意只是发现了市场的需求,并提出了满足市场需求的初步思路和方法,它的实现需要各方面的资源和条件,才能成为创业机会。

2.创业机会与商业机会。商业机会通常体现为市场上尚未满足和尚未完全满足的有购买力的消费需要,也称为市场机会。凡是有利于促进企业生产,有利于企业产品开发和市场开拓,能促进企业经济效益的提高,有利于企业摆脱困境等方面的信息、条件、时间等,都可称之为商业机会。

创业机会是有利于创业的一组条件的形成情况。这组条件至少包含如下要素:第一,某个细分市场存在或新形成了某种持续性需求;第二,拟创业者开发了或持有有助于满足前述市场需求的创意;第三,创业者有能力、有资源,可实施所持有的创意;第四,创业者将自己的创意转变为具体的产品或服务,不需要大规模的资金(所谓轻资产)和大的团队(所谓小团队)。当这4个要素都得到满足之时才可认为客观上存在或形成了某种创业机会。

不能简单地将商机认为就是创业机会。如果这种商机是不可持续的、是昙花一现的,则创业者还没有起步行动,这样的商机就可能已经消失了。针对特定的商机,创业者如果不能开发出可与之匹配的创意,这样的商机也不能被视为创业机会,因为既无创意,何谈创业。

如果创业者能够开发出与特定市场需求相匹配的创意,但实施相应的创意需要较大规模的资金(所谓重资产)和团队(所谓大团队),则这样的商机也不能被视为创业机会。因为创业者起步之初多数缺的是资金和众多的追随者。需要重资产、大团队的商机,只是规模达到一定阈值的企业的商机,创业者如硬要跟进这样的商机,多数会失败而归。基于以上,我们不难看到,创业机会本质上是商机、创意、轻资产、小团队4个要素的有机组合。

(二)创业机会的特征与类型

1.创业机会的特征。创业学的先驱蒂蒙斯认为,创业机会的特征是具有吸引力、持久性和适时性,并且伴随着可以为购买者或者使用者创造、增加使用价值的产品和服务。

(1)吸引力:创业者所选择的行业,即创业者所要提供的产品和服务,对于消费者来说应该是具有吸引力的,消费者愿意消费该产品和服务。

(2)持久性:创业机会应当具有持久性,能够得到进一步发展。具体来说,市场能够提供足够的时间使创业者对创业机会进行开发。创业者进行创业机会分析时应把握创业机会的这一特征,以免造成对资源和精力的浪费。

(3)适时性:适时性与持久性相对。创业机会存在于某个时间段,在这个时间段进入该产业是最佳时机,这样一个时间段被称作"机会窗口"。换句话说,创业机会具有易逝性或时效性,它存在于一定的空间和时间范围内,随着市场及其他创业环境的变化,创业机会很可能消失。

(4)创造顾客价值:创业机会来源于创意,创意是创业机会的最初状态。创意是一种新思维或者新方法,是一种模糊的机会。如果这种模糊的机会能为企业和顾客带来价值,那么它就有可能转化为创业机会。

2.创业机会的类型。创业者发现和把握的机会不同,创业活动也随之不同,创业结果也存在明显的差异。根据不同标准创业机会也有不同的分类。

(1)根据创业的本质分类:根据创业的本质分为商业诱发型创业和创意推动型创业。商业诱发型创业,即细分市场中出现了某种可持续需求的商机,由此诱发了创业者推动创业的后续相关环节,诸如创意构想、获取资源与起步实施、市场回应。在这类创业中,发现市场商机是创业的逻辑起点。所谓创意推动型创业,即创业者开发了某种自认为可为用户创造并传递价值的创意,基于此推动创业的后续环节,诸如甄别可以开发的细分市场、获取资源与起步实施、市场回应。在这类创业中,创意是创业的起点,但是细分市场是否存在明显或潜在商机,是创意是否具有商业价值的试金石。

(2)根据机会的市场价值和创业者创造价值能力分类:根据机会的市场价值和创业者创造价值能力划分,可以将创业机会分为以下4类:

①梦想型:机会的价值和创业者是否拥有实现这一价值的能力都不确定。

②尚待解决问题型:机会的价值已经较为明确,但如何实现这种价值的能力尚未确定。

③技术转移型:机会的价值尚未明确,而创造价值的能力已经较为确定。

④市场形成型:创业的价值和创造价值的能力都已确定。

(三)创业机会的来源理论

狄更斯曾经说过,机会不会上门来找人,只有人去找机会。创业机会既可能是自然产生的,也可能需要创业者自己去创造,且多数是后一种情况。创业者要想赢得创业机会,那么就需要搞清楚创业机会的来源。那么,创业机会从何而来? 大家对这个问题众说纷纭,其中我们认为美国凯斯西储大学谢恩教授和美国管理学家德鲁克教授的创业机会来源理论比较有代表性。

1.谢恩的机会来源理论。谢恩教授提出了产生创业机会的4种变革,分别是技术变革、政治和制度变革、社会和人口结构变革、产业结构变革。

(1)技术变革:技术变革可以使人们去做以前不可能做到的事情,或者更有效地去做以前只能用不太有效的方法去做的事情。新技术的出现也改变了企业之间的竞争模式,使得创办新企业的机会大大增加。比如,随着电脑的诞生,电脑维修、软件开发、电脑操作的培训、图文制作、信息服务、网上开店等创业机会随之而来,即使你不发明新的东西,你也能成为销售和推广新产品的人,从而给你带来商机。

(2)政治和制度的变革:通过政治和制度的变革,人们革除了过去的禁锢和障碍,或者将价值从经济因素的一部分转移到另一部分,或者创造了更大的新价值。比如,环境保护和治理政策出台会将那些污染严重、对环境破坏大的企业资源转移到推进生态文明建设的创业机会上来;专利技术的严格执行,通过专利费用的形式将价值转移到拥有专利的大公司,使得那些缺乏核心技术的产品,从品牌企业沦为加工厂或破产倒闭。

(3)社会和人口结构变革:通过改变人们的偏好和创造以前并不存在的需求来创造机会。比如,随着居民收入水平提高,私人轿车的拥有量不断增加,就会派生出汽车销售、修理、配件、清洁、装潢、二手车交易、陪驾等诸多创业机会。人口结构的变化,如我国全面实行二孩政策给母婴市场创造了很多的机会,同时也会催生一波面对此政策的创业机会。

(4)产业结构变革:产业结构变革是指因为其他企业或者为主体顾客提供产品或服务的企业的消亡、企业吞并或者相互合并等原因引起的变化,进而改变行业中竞争状态,产生新的创业机会。例如,美国一家高炉炼钢厂因为资金不足,不得不购置一座迷你型钢炉,而后竟然出现后者的获利率要高于前者的意外结果。经过分析,才发现美国钢品市场结构已产生变化,因此,这家钢厂就将之后的投资重点放在能快速反映市场需求的迷你炼钢技术上。

我国正处于经济社会发展的转型期,无论是政治制度、社会和人口结构还是产业结构都在发生持续而深刻的变革。从这个意义上讲,中国的创业机会远比发达国家多,创业者要积极把握,成为创业浪潮中的胜利者。

2.德鲁克的机会来源理论。德鲁克教授明确指出了7种外部环境中潜在的机会来源。这是目前比较公认的理论。

(1)出乎意料的事件或结果:出乎意料的成功意味着该组织趋向或转向一个新的或更大的市场。须找出成功的原因,开发新产品或新服务来利用这一机遇。出乎意料的成功经常被管理者忽视,原因在于汇报系统总是关注所出现的问题,而非成功。出乎意料的成功一开始往往被看作不合时宜或是问题。

例如,有些医药业公司曾接到兽医提出的产品要求,但经理们却认为这不是本公司的经营范围,而推给其他公司去发展,结果公司错失良机,其他公司趁机拓展了很大市场。

如果具备了重视、规划等条件,还是出现了出乎意料的失败,这种失败也意味着能通过革新将其变为机遇。因为失败的原因可能是出乎意料或是令人吃惊的,因此很难用分析和数据方法查找。管理者要找到原因,得"走出门去,四处察看,且注意倾听"。

一个出乎意料或是突然的外部事件可能创造一个重大的机遇。不过,如果该组织的现有专家不能利用这个事件,说明这次机遇不大可能导致革新的出现。

(2)不一致之处:当事情与人们设想的不同时,当某些事情无法理解时,这通常表明存在着一种有待认识的变化。不一致之处对圈内人士来说是很显眼的,但由于它们常与世人的观点不相称,故而也常被忽略。

该组织必须在搜寻机会的过程中广泛网罗有用的不一致之处。某工业中不一致的经济状况是潜在的机会来源,还有事实与假设之间的不一致、产品优势与顾客期望之间的不一致,都是潜在的机会来源。也可在系统或过程内部寻找不一致之处。

对于生产集中的小型组织,例如,创业型公司不适应之处产生的机遇往往巨大。应抓住机遇确保革新的简单和快捷。要监控不一致之处,需要采用定性方法。不过,进行调研也能帮助查找经理与顾客看法上的不一致之处。

(3)流程需要:流程需要通常十分明显,因此,革新者总在力图解决某过程中的一个瓶颈或薄弱环节。有时,针对流程的革新可以利用新技术或用更好的流程代替原来较为烦琐的流程。例如,贝尔电话公司于1910年开发了自动接线总机,因为他们预见到,若使用人工电话交换台,那么到了1925年每个美国成年妇女都要充当接线员。

(4)工业或市场结构中出乎意料的变化:一个稳定的工业或市场结构可能突然地、出乎意料地发生变化,这就要求其成员做出革新以适应新环境。这些变化为国外成员创造了显而易见的巨大机遇,也对圈内成员构成威胁。要预见工业结构的变化,需要查看这一行业是否出现快速增长、领导者是否制定了不协调的市场细分战略、是否出现了技术趋同、业务做法是否有迅速变化等迹象。由一个或少数几个供应商主宰的行业或市场对革新者颇具吸引力。这是因为已经站稳脚跟的公司不习惯面对挑战,对工业结构转变的认识也会较慢。

(5)人口状况:人口规模和结构上的变化,例如,受教育程度、年龄或某一群体数量上的增加往往显而易见,可以预测。这些变化能迅速发生并对市场产生戏剧性的影响,但各公司却很少密切监控或在日常决策中会考虑到人口变化。由于人口变化易于出现却又常常被决策者忽视,它们为革新者提供了许多机遇。例如,在美国尚无一家大快餐店为日益增多的受饮食限制的中老年人开发特别食谱。圈外公司可以利用这一日益增多的人群,靠提供特别食品和服务来打入快餐市场。

(6)观念:人们对自己的看法若发生转变,也能创造机遇。立足已稳的公司往往难以认识到人们看法上的转变,因此,基于观念转变上的革新往往很少有竞争对手。

观念上的变化难以查找——因事实并未改变,只是事实的内涵改变了。出乎意料的成功或失败可能意味着观念上的变化,进行观念上的调查常可找出已变化的观念并确定拥有者的数量。例如,威廉·本顿调查了20世纪50年代的一次观念转变,即大多数美国人转而用"中产阶级"而非"工人阶级"来对自己进行描述。他发现,人们企盼自己的孩子有机会通过教育来提高社会地位。这一洞察使他买下《大英百科全书》版权并将它推向当时自认为是中产阶级的人。

(7)新知识:德鲁克将这一革新来源列于最后,是因为它难以管理、无法预见、花费较高,而且有生产准备时间长的特点。不过,目前多数组织在各种来源中首先强调新知识,因为它引人注目、令人兴奋。要注意的是,以新知识为基础的革新经常会失败,因为一个领域的突破经常需要其他各领域同时突破,新知识才能发挥其作用。由于新知识要求在技术和社会各领域都与其协调一致,所以一个组织难以成功地引进以新知识为基础的革新。

以新知识为基础的革新需要好的企业管理,这样有时会非常成功。惠普和英特尔公司都坚持生产以新知识为基础的革新产品,就是成功的例子。但其他不具备雄厚技术力量以及并未在科研中长期处于领先地位的公司,最好努力寻找其他革新来源的开发战略,新知识则是备选。

(四)创业机会的识别

1.影响创业机会识别的因素。创业机会识别作为一种主动行为,带有浓厚的主观色彩,创业者的个体因素起到了重要作用。此外,一些研究者逐渐认识到机会识别是个体与环境的互动过程,外部因素尤其是环境中的客观机会因素本身的影响同样不容忽视。

(1)个体因素。

①创业警觉性:创业警觉性是指一种持续关注、注意未被发觉的机会的能力。创业警觉性是3个维度的整合体,分别包括敏锐预见,指敏感于机会的涌现,对商业前景做出前瞻性的预测;探求挖掘,指善于分析和挖掘商业情报和信息,从中离析出潜在的机会以及隐含的利润;重构框架,指善于打破既定的范式,赋予既有资源新的价值和用途。

②先验知识:人们更容易注意到与自己已有知识相联系的刺激,对于创业者而言,丰富且广泛的生活阅历是识别潜在商机的主要决定因素,它们帮助创业者识别了新信息的潜在价值。每个个体都有自己独特的先前经验与先验知识,这就构成了其有别于他人的知识走廊,这种特异性就解释了为何有些人更容易发现一些特定的机会,而其他人则不能。先验知识包括特殊兴趣和产业知识两个维度。前者指对某一领域及其相关知识的强烈兴趣。后者是由创业者在多年工作中积累而来的知识和经验。也有研究提出对创业机会识别起关键作用的先验知识有4种,即特殊兴趣的知识与产业知识的结合、关于市场的知识、关于服务市场的方式的知识和有关顾客问题的知识。还有研究表明先验知识不仅被用来搜索机会,更重要的是,它还与认知过程中结构关系的匹配有系统的联系。

③创造力:创造性或创新能力最早与乐观、自我效能等因素一同被归为成功创业者的性格特质中的一种。但与一般人格特质不同,创造性的重要作用日益显现。

创造性是产生新奇或有用创意的过程,从某种程度上讲,机会识别就是一个创造过程,是不断反复的创造性思维过程。在听到更多趣闻轶事的基础上会很容易看到创造性包含在所需产品、服务、业务的形成过程中。对个人来说,创造过程可分为准备、孵化、洞察、评价和阐述5个阶段。

④社会资本:社会资本又称社会关系网络,是联系创业者和机会的纽带与桥梁,创业者需通过自己的社会关系网络获得有关创业机会的信息。创业者自身社会关系网络的规模大小、多样性、强度及密度将对机会识别产生重要的影响。很多文献都发现社会关系网络与个体识别机会的成功率呈正相关。国内学者张玉利等认为创业者的社会资本不仅影响着创业者能不能发现机会,更影响着创业者能发现什么样的机会,也就是说社会资本是影响创业者所识别的创业机会的创新性的重要因素。创业者所嵌入的网络规模越大越有助于接触到丰富多样的信息,从而发现更具有创新性的机会,所以,创业者所嵌入的网络规模对机会的创新性有显著的正向预测作用。

(2)环境因素。

创业环境可以看成影响创业活动的所有外部因素的总称。影响创业的环境因素复杂多样,创业活动的外部环境常常表现出明显的不确定性特征,这恰恰是创业机会的重要来源。在机会识别中所需要的各种信息需要从外界环境中获取,影响机会识别的环境因素包括市场因素、政府政策、法规因素、技术因素、社会文化、价值观念等。

2.识别创业机会的一般过程。创业机会识别的过程是一个复杂的、综合性的交互过程,在创业机会识别的所有理论中,机会的三阶段模型是最为学者接受的一个理论模型,它是多维度机会识别过程模型。

(1)创业机会识别三阶段过程模型:创业机会识别三阶段过程模型,主要包括机会搜寻、机会识别和机会评价3个阶段。

第一阶段,机会的搜索,即搜索和发现可能的机会。这一阶段创业者需搜索整个环境以发现可能的机会,如果遇到了潜在的商机,便进入第二阶段——机会的识别。这一阶段需解决2个问题,即搜索到的创意是否是一个创业机会,如果是,它是否是创业者所期待的机会。因此,此阶段分为两步,第一步为机会的标准化识别阶段,创业者会用标准化的机会模式识别模板判断所遇到的机会是否理想;第二步为机会的个性化识别阶段,即考察这一机会与创业者自身特点的匹配程度。第三阶段,机会的评估和审查。这一阶段主要考查先前收集的相关信息,将直觉进行量化,根据风险以及风险水平和预期回报的一致性评价决定是否将这一创业机会付诸实践。

该模型增进了我们对创业识别过程的认识和理解,为创业机会识别研究作出了基础性贡献,许多学者都是在此基础上进行扩展和完善。但是其对于调查对象和研究样本并不是随机选择,这一过程模型有待验证。

(2)多维度机会识别过程模型:多维度机会识别过程模型是基于创造力提出的机会过程模型,该模型将机会识别分为以下5个阶段:①准备阶段,指知识和技能的准备,这些知识和技能可能来自创业者的个人背景、工作或学习经历、爱好以及社会关系网络;②沉思阶段,指创业者的创新构思活动,这一过程并非有意识地解决问题或系统分析,而是对各种可能和选择的无意识考虑;③洞察阶段,指创意从潜意识中迸发出来,或经他人提点,被创业者所意识,这类似于问题解决的领悟阶段,可以用"豁然开朗"来形容;④评估阶段,即有意识地对创意的价值和可行性进行评定和判断,评估的方式包括初步的市场调查、与他人进行交流以及对商业前景的考察;⑤经营阶段,是指对创意进一步细化和精确,使创意得以实现。

3.创业机会的识别。

(1)着眼于问题把握机会:机会并不意味着无须代价就能获得,许多成功的企业都是从解决问题起步的。问题就是现实和理想的差距。顾客需求在没有满足之前就是问题,而设法满足这一需求就抓住了市场机会。例如,巴西阿苏尔航空公司,他们以机票低廉而著称,但却没有更多的巴西人愿意搭乘他们的航班。经过研究发现,原因在于乘客还需要从家里乘出租车到机场,而这个费用可能要占到机票的40%~50%,同时又没什么公交系统或者火车线路可以完成这样一个行程。换言之,"从家到机场"是顾客流程的一部分,但却没有得到有效满足。于是,阿苏尔航空决定为乘客提供到机场的免费大巴。如今,每天有3万名乘客预定阿苏尔航空的机场大巴车,阿苏尔航空也成为巴西成长最快的航空公司。

(2)利用变化把握机会:变化中常常蕴藏着无限商机,许多创业机会产生于不断变化的市场环境。环境变化将带来产业结构的调整、消费结构的升级、思想观念的转变、政府政策的变化、居民收入水平的提高。人们透过这些变化就会发现新的机会。

(3)跟踪技术创新把握机会:世界产业发展的历史告诉我们,几乎每一个新兴产业的形成和发展都是技术创新的结果。产业的变更或产品的替代既满足了顾客需求,同时也带来了前所未有的创业机会。

(4)在市场夹缝中把握机会:创业机会存在于为顾客创造价值的产品或服务中,而顾客的需求是有差异的。创业者要善于找出顾客的特殊需求,盯住顾客的个性需要并认真研究需求特征,这样就可能发现和把握商机。

(5)捕捉政策变化把握机会:中国市场受政策影响很大,新政策的出台往往引发新商机,如果创业者善于研究和利用政策,就能抓住商机站在潮头。

(6)弥补对手缺陷把握机会:很多创业机会缘于竞争对手的失误和意外获得,如果能及时抓住竞争对手策略中的漏洞而大做文章,或者能比竞争对手更快、更可靠、更便宜地提供产品或服务,也许就找到了机会。

二、创业机会评价

(一)创业机会评价的特殊性

尽管创业机会评价已经构建了不少定性、定量的评价体系和模型,但是机会的识别与把握却一半是科学、一半是艺术,这是因为创业机会具有多方面的特殊性。

1.机会信息的不对称性。创业者在创业机会的解读上通常面临信息的不对称。一方面,好的创业机会本身需要具备的知识、信息、资源、社会关系网络等,要求创业者具有丰富的工作经验和社会阅历、广博的知识结构和广泛的社会关系网络,但创业者往往由于知识结构、工作经验、个人特质、资源禀赋方面的差异和局限性,必然影响对特定创业机会评价的准确性。

2.创业环境的不确定性。随着经济全球化、信息化和科学技术的迅猛发展,今天的创业者面临一个更为复杂多变的、不确定的市场环境,而且往往机会创造价值的潜力越大、科技含量越高,环境不确定性就越大,信息也就越不完全,创业者越难做出全面、准确的评价。当然,环境的不确定性并非只是消极作用,它会提供开创新事业的诸多机会,创业正是对环境不确定性的回应,而且这种应对的结果往往进一步催生大量新的不确定性机会。

3.创业者的有限理性。有限理性就是指人的行为"是有意识地理性,但这种理性又是有限的"。现实生活中的创业者是介于完全理性与非理性之间的"有限理性"的"创业者"。

首先,有限理性与创业环境的复杂程度密切相关,人们面临的是一个复杂的、不确定的世界,而且活动越多不确定性就越大,信息也就越不完全。人们对环境的预测能力和认识能力是有限的,人不可能无所不知。

其次,创业者的个人特质尤其是性格特征、认知因素、职业兴趣存在很大的差异,即便是面对同一机会,不同的创业者也会表现出不同的看法和评价。

此外,在很大程度上,由于受到情境变化的影响,人们总是使用"有限的智力资源"对"无限的行情"进行加工,理性在这里根本就未发挥作用。此时,创业者的冒险精神、创造力起着关键性作用。

人在实际决策中作为"管理人"的知识、信息、经验和能力总是有限的,他不可能也不期望达到绝对的最优解决方案,而只以找到满意的解决方案为满足。决策者只能在考虑风险和收益等因素的情况下做出自己较为满意的决策。

4.多种其他因素的影响。创业机会识别与评价还受到创业者性别、创业团队、地域差异等多种因素的影响。

因此,对创业机会的识别与评价因人而异、因地而异、因环境而异。创业者在机会评价过程中必须客观分析个人特质、职业兴趣和能力特长,考虑是否与相应的机会特征相匹配,依托自身的优势,通过选择、整合、创造满足需求的方式,从而使得有价值的创意成为可能的创业机会。

(二)个人与创业机会的匹配

对于创业者来说,有些机会只能看见却不能为所用,即使创业机会的价值潜力再大,如果缺乏相应的必备条件,盲目行动就会导致创业的失败。如何才能判断创业机会是否适合自己,至少需要从个人经验、社会关系网络和经济状况等3方面来评价。

1.个人经验。在个人经验层面,要考虑以前的工作和生活经验是否能够支撑后续开发创业机会所必需的知识和技能。此时,经验的广度和深度扮演着重要角色。

2.社会关系网络。在社会关系网络层面,要考虑自己身边认识、熟悉的人们能否支撑后续开发所必需的资源和其他因素。社会关系越广,个体越容易发现创业机会,也更容易把握创业机会,实施创业活动。因为在创业过程中,社会关系网络不仅为创业者提供了信息、知识和资源,而且为创业者提供了必要的情感和心理支持,这也是支撑创业者走向成功的关键因素。

3.经济状况。在经济状况层面,要重点考虑的是能否承受从事创业活动带来的机会成本。研究表明,在创业之初,大部分创业者并没有足够的自由资金用于创业,但都有报酬丰厚的工作。也就是说,需要考虑创业机会的价值潜力能否长期弥补因放弃工作而承担的损失。

上述3个因素是准备创业的人们评价创业机会时需要考虑的因素。但是由于创业活动是一项高风险的活动,没有一个创业机会是完美的,也没有任何创业活动是在完全适合自己的条件下开展的。因此,在评价创业机会之后是否决定投入创业仍然是一个比较主观的决策。

创业活动是创业者与创业机会的结合。一方面,创业者识别并开发机会;另一方面,创业机会也在选择创业者,只有创业者和创业机会之间存在恰当的匹配关系时,创业活动才最有可能发生,也更有可能取得成功。

(三)创业机会评价的策略

1.评价创业机会的五项基本标准。其基本标准包括:一是产品有明确的市场需求,推出的时机也是恰当的;二是投资的项目必须能够维持持久的竞争优势;三是投资必须具有一定程度的高回报,从而允许一些投资中的失误;四是创业者和机会之间必须相互合适;五是机会中不存在致命的缺陷。

2.创业机会评价流程。创业机会的评价可以按照以下步骤来进行:一是判断新产品或服务将如何为购买者创造价值,判断新产品或服务使用的潜在障碍,如何克服这些障碍,根据对产品和市场认可度的分析,得出新产品的潜在需求、早期使用者的行为特征、产品达到创造收益的预期时间;二是分析产品在目标市场投放的技术风险、财务风险和竞争风险,并进行详细的机会窗口分析;三是在产品的制造过程中是否能够保证足够的生产批量和可以接受的产品质量;四是估算新产品项目的初始投资额度,使用何种融资渠道;五是在更大的范围内考虑风险的程度,以及如何控制和管理风险要素。

3.创业机会评价的方法。

(1)定性评价方法:对创业机会的评价事实上是预测创业过程中将遇到的问题,因此是一种前瞻性的评价。而事情的发展往往是出人意料的,创业的过程中将会遇到许多无法精确预测的问题,这就给机会的评价增加了很大的难度。因此定性的评价方法在机会评价中是一种主要的方法。在这方面有许多学者陆续做出了研究,下面分别评述几种主要观点:

哈佛商学院的创业课程先锋人物霍华德·史蒂文森认为对创业机会的充分评价,需要考虑以下几个重要问题:①机会有大小,存在的时间跨度和随时间成长的速度问题;②潜在的利润是否足够弥补资本、时间和机会成本的投资,带来满意的收益;③机会是否开辟了其他多样化或综合的商业机会选择;④在可能的障碍面前,收益是否会持久;⑤产品或服务是否真正满足了目标市场真实的需求。

我国著名学者雷家骕提出了具有5个特征的机会评价方法:①市场的原始规模。市场越大越好,但大市场可能会吸引强有力的竞争对手,因此小市场可能更友善;②机会将存在时间跨度。一切机会都会存在于一段有限的时间之内,这段时间的长短差别很大,由商业性质决定;③机会的市场规模随时间变化。一个机会可能带来的市场规模将随着时间的变化而变化,一个机会可能带来的风险和利润也会随时间变化,机会存在的某些时期,可能比其他时间更有商业潜力;④好机会的5个特点。前景市场可明确界定、前景市场中前一年中销售额稳定且快速增长、创业者能够获得利用机会所需的关键资源、创业者不被锁定在刚性的技术路线上、创业者可以用不同的方式创造额外的机会和利润;⑤特定机会对特定创业者的现实性。创业者是否拥有利用某个创业机会所需的资源,是否能"架桥"跨越资源缺口;对于可能遇到的竞争力量至少可以与之抗衡;存在可以占有的前景市场份额,甚至自己可以创造市场。

（2）定量评价方法:定量评价方法有标准打分矩阵法、温斯丁豪斯法、蒂蒙斯创业机会评价模型法、博泰申米特法、贝蒂的选择因素法等方法。下面介绍前3种方法:

①标准打分矩阵法:首先应选取最主要的创业成功影响因素,然后组织专家小组,由他们对每一个主要因素进行打分,分为极好(3分)、好(2分)、一般(1分)3个等级,最后计算每个因素在各个创业机会下的加权平均分数,通过得出的数据对不同的创业机会进行比较。表3-1列出了其中10项主要影响因素,在实际应用中可以根据具体的情况来选择相应的影响因素来进行评价。

表3-1　标准打分矩阵

标准	专家评分			
	极好(3)	好(2)	一般(1)	加权平均分
易操作性	8	2	0	2.8
质量和易维护性	6	2	2	2.4
市场接受度	7	2	1	2.6
增加资本的能力	5	1	4	2.1
投资回报	6	3	1	2.5
专利权状况	9	1	0	2.9
市场大小	8	1	1	2.7
制造的简单性	7	2	1	2.6
广告潜力	6	2	2	2.4
成长潜力	9	1	0	2.9

②温斯丁豪斯法:温斯丁豪斯法实际上是计算和比较各个机会的优先级。其计算公式如下:

$$机会优先级 = \frac{技术成功率 \times 商业成功率 \times (价格 - 成本) \times 投资生命周期收入}{总成本}$$

在该公式中,技术成功率和商业成功率是以百分比(0%～100%)表示;成本是以单位商品成本计算:投资生命周期收入是指可以预期的所有收入;总成本包括研究、设计、制造和营销等环节的成本之和。对于不同的创业机会应将具体数值代入计算,特定机会优先级越高,该机会越有可能成功。

③蒂蒙斯创业机会评价模型法:蒂蒙斯的创业机会评价框架涉及行业和市场、经济因素、收获条件、竞争优势、管理团队、致命缺陷问题、个人标准、理想与现实的战略差异等八方面的53项指标,如表3-2所示。

表3-2　蒂蒙斯的创业机会评价表

评价要素	评价指标
行业和市场	1.市场容易识别,可以带来持续收入
	2.顾客可以接受产品或服务,愿意为此付费
	3.产品的附加价值高
	4.产品对市场的影响力高
	5.将要开发的产品生命长久
	6.项目所在的行业是新兴行业,竞争不完善
	7.市场规模大,销售潜力达到1000万到10亿
	8.市场成长率在30%~50%,甚至更高
	9.现有厂商的生产能力几乎完全饱和
	10.在5年内能占据市场的领导地位,达到20%以上
	11.拥有低成本的供货商具有成本优势
经济因素	1.达到盈亏平衡点所需要的时间在2年以下
	2.盈亏平衡点不会逐渐提高
	3.投资回报率在25%以上
	4.项目对资金的要求不是很大,能够获得融资
	5.销售额的年增长率高于15%
	6.有良好的现金流量,能占到销售额的20%甚至30%以上
	7.能获得持久的毛利,毛利率要达到40%以上
	8.能获得持久的税后利润,税后利润率要超过10%
	9.资产集中程度低
	10.运营资金不多,需求量是逐渐增加的
	11.研究开发工作对资金的要求不高
收获条件	1.项目带来的附加价值具有较高的战略意义
	2.存在现有的或可预料的退出方式
	3.资本市场环境有利,可以实现资本的流动

续表

评价要素	评价指标
竞争优势	1.固定成本和可变成本低
	2.对成本、价格和销售的控制较高
	3.已经获得或可以获得对专利所有权的保护
	4.竞争对手尚未觉醒,竞争较弱
	5.拥有专利或具有某种独占性
	6.拥有发展良好的关系网络,容易获得合同
	7.拥有杰出的关键人员和管理团队
管理团队	1.创业者团队是一个优秀管理者的组合
	2.行业和技术经验达到了本行业内的最高水平
	3.管理团队的正直廉洁程度能达到最高水准
	4.管理团队知道自己缺乏哪方面的知识
致命缺陷问题	1.不存在任何致命缺陷问题
个人标准	1.个人目标与创业活动相符合
	2.创业家可以做到在有限的风险下实现成功
	3.创业家能接受薪水减少等损失
	4.创业家渴望进行创业这种生活方式,而不只是为了赚大钱
	5.创业家可以承受适当的风险
	6.创业家在压力下状态依然良好
理想与现实的战略差异	1.理想与现实情况相吻合
	2.管理团队已经是最好的
	3.在客户服务管理方面有很好的服务理念
	4.所创办的事业顺应时代潮流
	5.所采取的技术具有突破性,不存在许多替代品或竞争对手
	6.具备灵活的适应能力,能快速地进行取舍
	7.始终在寻找新的机会
	8.定价与市场领先者几乎持平
	9.能够获得销售渠道或已经拥有现成的网络
	10.能够允许失败

第二节 创业项目选择

一、创业项目选择过程

项目选择是创业成功的关键步骤之一,需要花费较多时间来进行调研、论证、决策。如日本软银公司的孙正义在大学毕业后从美国回到日本,选出了50个创业目标,用1年时间逐个进行考察,写出了几尺厚的资料,最后选择了做软件。既然选择目标事关人生就不可随随便便,必须要经过一个充分的论证过程。在这个过程中要舍得花时间、花力气,要能够静下心来认真调查研究,寻找事实根据。

创业项目的确定一般需要经过这样几个步骤:创业环境分析、创业市场调研、创业机会评估。以下详细叙述各个阶段的具体操作方法和实施思路:

(一)创业环境分析

创业环境是指创业者周围的境况,围绕着创业企业生存和发展变化,对其产生影响或制约创业企业发展的一系列外部因素的总称。

1.创业环境的主要内容。

(1)政府政策:这包括对创业活动和创业企业成长的规定、就业的规定、环境和安全的规定、企业组织形式的规定、税收的规定等,还包括政策的执行情况、落实情况和事实上的效率情况等。创业者若能遵从国家战略、政策的导向,并按这个方向进行发展,会在设立、场地、投融资、财税等方面获得便利与支持。大树底下好乘凉,国家的战略规划、产业政策、财政货币政策就如同大树,如10年前的房地产、现在的互联网、新能源汽车在大树的荫护下健康发展。反其道而行之,则容易受到约束,发展受限,面临淘汰落后的风险,如银行对落后产能的限制性信贷政策。中国经济已进入"新常态",转型升级的战略路径选择主要是"一带一路"、中国制造2025、"互联网+"等。

(2)经济环境:经济环境主要分析国家的能源和资源状况、交通运输条件、经济增长速度及趋势产业结构、国民生产总值、通货膨胀率、失业率以及农、轻、重比例关系等方面;同时也要分析某地区的国民收入、消费水平、消费结构、物价水平、物价指数等。我国整体环境正在朝着有序、规范的方向发展,诚信意识在增强、硬件环境在改善、服务意识在提高。消费者的理性消费意识和消费观念有了明显变化。

(3)社会环境:社会环境主要包括社会文化、社会习俗、社会道德观念、社会公众的价值观念、职工的工作态度以及人口统计特征等。[1]我国目前的文化和社会规范鼓励创业和创业者,鼓励人们通过个人努力取得成功,也鼓励创造和创新的精神,更鼓励通过劳动致富,让创业者勇敢地承担和面对创业中的各种风险。

(4)分析情况:科技环境创业者须及时了解并分析创业地区的新技术、新材料、新产品、新能源的状况,国内外科技总的发展水平和发展趋势,本企业所涉及的技术领域的发展情况、专业渗透范围、产品技术质量检验指标和技术标准等。

2.创业环境的分析方法。

(1)PEST分析法:PEST为一种企业所处宏观环境分析模型,所谓PEST,即P是政治(Politics),E是经济(Economy),S是社会(Society),T是技术(Technology)。这些是企业的外部环境,一般不受企业掌握,这些因素也被戏称为"Pest(有害物)"。Pest要求高级管理层具备相关的能力及素养。

(2)SWOT分析法:SWOT分析法是用来确定企业自身的竞争优势、竞争劣势、机会和威胁,从而将公司的战略与公司内部资源、外部环境有机地结合起来的一种科学的分析方法。

SWOT分析法是一个客观性的分析方法,对于创业者分析创业项目十分有帮助。其中S代表优势(Strength),W代表劣势(Weakness),O代表机会(Opportunity),T代表威胁(Threats)。S和W表示项目主体的内部环境,O和T表示项目面临的外部环境。利用这种方法可以从中找出对个体(企业)有利的、值得发扬的因素,以及对个体(企业)不利的、要避开的东西,发现存在的问题,找出解决办法,并明确以后的发展方向。

---

[1]张卫东.论社会环境对大学生道德观念和道德行为的影响[J].山东青年政治学院学报,2006(4):78-80.

（二）创业市场调查

南开大学张玉利教授认为,在市场调研之前,创业者还需对创业机会进行"假设加简单计算",即敏锐的直觉加上预判。之后,若想进一步创业则必须依靠市场调研来评价创业机会的前景。如史玉柱,在"脑白金"产品投放市场之前,他已经感觉到保健品市场,尤其是中老年群体的强烈需求,但却不知如何切入为最佳。这时候他采取了周密和全面的市场调研,对老年群体通过亲自与他们聊天、访谈,发现市场诉求点,找到了儿女"送爸妈"的最佳定位,验证了这个机会的巨大潜力。

1.经营环境调查。

（1）政策、法律环境调查:调查所经营的业务、开展的服务项目的有关政策法律信息,了解国家是鼓励还是限制你所开展的业务,有什么管理措施和手段。创业者只有熟悉政策,利用好政策中对自己有利的因素,规避不利因素,才能少走弯路,从而更快地让企业启动,事半功倍地打好创业这场战役。

（2）行业环境调查:创业者对自己即将从事的行业,需要有一个全面、充分、系统细致地考察与评估。比如,你即将进入的行业是属于成长型行业还是已经成熟,甚至达到饱和状态的行业? 主要的合作商和客户是谁? 未来的发展趋势如何? 只有对此类问题有了深入的了解才会知道如何更好地进入特定的市场。

（3）宏观经济状况调查:宏观经济状况是否景气直接影响老百姓的购买力。如果企业效益普遍不好,经济不景气,生意就难做,反之生意就好做,这就叫"大气候影响小气候"。因此,掌握大气候的信息是做好小生意的重要参数。经济景气宜采取积极进取型经营方针,经济不景气也有挣钱的行业,也孕育着潜在的市场机遇,关键在如何把握和判断。比如,1989 年夏天,香港部分有钱人纷纷移居外国,市场低迷,地价楼价大跌。在这种状况下少数精明的、有政治眼光的商人看准时机,在楼价下跌时大量买进"楼花"。不出半年中国政府促稳定,改革开放的政策不变,"一国两制"方针不变,保持香港繁荣稳定不变,形势明朗,楼价攀升,精明的、有政治眼光的商人着实大赚一把。因此,了解客观经济形势、掌握经济状况信息是经营环境调查的一项重要内容。

2.市场需求调查。在市场总人口数中确定某一细分市场的目标市场总人数,此总人数是潜在顾客人数的最大极限,可用来计算未来或潜在的需求量。对目标消费人群的调研分析着重需要了解:哪类人群可能是你的长期客户,他们更看重同类产品的什么功能和服务,他们期望得到什么样的服务。

同时要对同类产品进行调研,主要解决以下问题:如这些同类产品的外观、色彩等都有什么特点? 其产品具有什么样的特点和优势,是质量取胜,还是功能取胜? 同行业中失败的产品存在什么样的问题? ⋯⋯这些问题的答案都是你创建未来产品特色和优势的有效依据。

3.客户调查。进行客户调研就是了解客户需求的过程,了解即将开发的产品和服务能否满足客户和市场的需求。客户调查包括对客户的消费心理、消费行为等特征进行调查分析,研究社会、经济、文化等因素对购买决策的影响,同时还要了解潜在顾客的需求情况、影响需求的各因素变化的情况、消费者的品牌偏好等。

4.竞争对手调查。在创业前,如果已有人做了相同或类似的业务,这些就是现实的竞争对手。如果业务是全新的,有独到之处,刚开始经营的时候没有现实的对手,一旦生意兴旺,马上就会有许多人模仿,竞相加入竞争行列,这些就是潜在的竞争对手。知己知彼,方能百战不殆,了解竞争对手的情况,包括竞争对手的数量与规模、分布与构成、优缺点及营销策略,才能在激烈的市场竞争中占据有利位置,有的放矢地采取一些竞争策略。

5.商业模式调查。商业模式就是企业通过怎样的模式和渠道来盈利。商业模式是企业生存的根本,因此在企业创立之前需要去调研成功企业的盈利模式是怎样的,失败企业的盈利模式又是怎样的。在确定盈利模式时能够有所借鉴、扬长避短。

按调查范围不同,市场调查可分为市场普查、抽样调查和典型调查。按调查方式不同,市场调查可分为访问法、问卷法、观察法。按照信息来源渠道的不同可分为直接方法和间接方法。

二、适合大学生的创业项目

对于一毕业就失业的大学生来说,要想改变自己的命运、成就一番事业,必须更新陈旧的就业观念,这是创业准备的第一前提,思路决定出路。另外,要找准定位,创业不可盲目,更不能随波逐流,所以大学生创业一定要结合自身条件选准切入点。那么大学生在哪些领域创业成功的概率会比较高,会比较适合创业呢?

(一)高科技领域

大学是科研成果和科技人才聚集的地方,在高科技领域创业有得天独厚的优势。身处高科技前沿阵地的大学生,在这一领域创业有着近水楼台先得月的优势。一般来说,只有技术功底深厚、学科成绩出类拔萃的大学生才有成功的希望。常见的大学生高科技创业领域包括互联网应用与开发、生物医药、新能源技术等。创业投资者更看重的是创业计划真正的技术含量有多高、在多大程度上是不可复制的,以及市场盈利的潜力有多大。高科技领域创业,在进行创业时要将科技成果转化为商品,这是科技成果创业能否成功的一个重要因素。有意在这一领域创业的大学生可积极参加各类创业大赛,获得脱颖而出的机会,以期吸引风险投资,如"挑战杯"全国大学生系列科技学术竞赛。同时要与导师建立良好的关系,借助以导师为核心的研究团队开发出具有竞争力的新产品。

(二)智力服务领域

在智力服务领域创业,成本较低,一张桌子、一部电话就可开业,如家教、家教中介、设计工作室、翻译事务所等,但是智力和创意是必备资本,并且大学生充分利用专业背景更容易实现自身的创业目标。

(三)校园开店和服务

这一方面可充分利用高校的学生顾客资源,另一方面,由于熟悉同龄人的消费习惯就更容易开辟市场。创业者可以通过回顾自己在大学生活中遇到的问题或不满的地方,也可以通过访谈在校大学生了解其各种重要需求,然后从中挑选出最适合自身资源的创业机会。如考研、考证、旅游、手机卡、餐饮、饰品、中介等大学生常用的产品和服务,这些业务的成本和风险都较低且客户稳定,因此校园开店不失为大学生创业锻炼的机会。

（四）互联网创业

大学生对互联网比较感兴趣同时也相对熟悉,大学生思维敏捷、年轻有活力,更能跟上网络发展的步伐,容易发现互联网的商机。大学生知识比较丰富,部分大学生已经掌握了互联网技术,具备互联网创业的优势。另外,大学生多元化的个性比较适合互联网企业公平化、相对自由的管理模式。互联网创业不仅有高端的互联网的开发和利用,同时也有最普遍的网店、微店可以满足不同领域的创业学生的需求,为大学生创业提供了广阔的平台。

（五）加盟连锁领域

在相同的经营领域中,个人创业的成功率低于20%,而加盟创业的成功率则高达80%,对创业资源十分有限的大学生来说,借助连锁加盟的品牌、技术、营销、设备优势,可以以较少的投资、较低的门槛实现自主创业。

（六）模式的移植

携程网创始人之一的季琦说过:"中国式的创新更多的是继承式的创新,在借鉴欧美发达国家商业模式的情况下结合中国具体情况进行改造式创新和应用。因为人类的物质、精神需求和享受总是从低级到高级,从简单到复杂。欧美的服务业已经先于我们发展,已经经过了客户的需求选择,中国的服务业也大体会遵循他们的发展轨迹。因此,在服务行业继承欧美的成熟商业模型特别有价值;研究他们成长的轨迹和成败的原因,对于我们这些后来者也非常有益。"在高科技领域(尤其是互联网),这一滞后发展模式更加明显,美国等先进国家最先开发出新技术和新商业模式,国内创业者迅速跟进,在模仿中进行再创新。

国内目前知名的互联网公司大多是从美国借鉴或模仿过来的,例如,当当网是从亚马逊网站得到启发的,腾讯是直接模仿MSN发家的,淘宝网则从e-Bay借鉴而来。2011年广受关注的团购网站也是发源于美国,拉手网、团宝网、美团网等迅速崛起的团购网站都是模仿美国网络团购业的领导者Groupon公司。

三、创业项目与个人匹配

创业项目或许有很多,如何进行进一步的筛选则需要"知己知彼",结合创业者的兴趣爱好、专业特长、资源优势等各方面,进行综合筛选。俗话说"隔行如隔山",适合自己的才是最好的,发挥己之所长,把握天时、地利、人和,这是取得成功的关键。

(一)自身或团队优劣势分析

1.兴趣爱好。将自身的兴趣爱好与从事的事业结合起来是一件美妙的事情。因为可以在事业过程中源源不断地获得愉悦感、成就感,并成为不断前进的动力。如张秉新出生于一个农民家庭,十几年前是一个非常普通的年轻人。他的爱好是网络游戏,在网络游戏道具装备交易中获得创业灵感。2003年发起并设立www.5173.com,成为中国首家也是最大的网络游戏服务网。公司员工超过千人,业务范围涵盖了网络游戏、互联网金融、互联网医疗,并朝着移动互联网端迅速发展。

2.专业特长。专业和专长是大学生创业项目选择的主要影响因素之一。大学生创业选择与自己专业相关的项目,可以充分发挥自己的专业优势,提高创业的成功率。特别是理工科学生,若在学习研究过程中取得技术专利,走产学研相结合的道路,将是一个很好的选择。如网易丁磊,他出生于一个知识分子家庭,从小就喜欢电子,希望自己将来能够成为一个电子或者电气工程师。他毕业于成都电子科技大学通信专业,于1997年创办网易,2000年就在纳斯达克上市。2013年"丁磊养猪"一事闹得沸沸扬扬,到了年底媒体刊出《网易养猪濒临"散伙",迄今仅100多头试验猪》的消息,说明专业的人还是应该干专业的事。

3.人脉资源。整合人脉资源是创业成功的基本条件之一。在个人创业过程中人脉资源是第一资源,各种良好的人际关系有助于更方便地找到投资、找到技术与产品、找到渠道等。大学生的人脉资源相对还较窄,若创业项目的方向与亲戚朋友、父母祖辈所从事的行业有一定的契合度,那相对来说是一个较好的选择。

4.投资基础。俗话说"有多少钱,办多大事",创业离不开初始资金的支持,如加盟肯德基虽然比较赚钱,但投资金额过高。同时,创业也是有风险的,一旦失败,需要承担相应的损失。对于初次创业的大学生来说,眼高手低绝对是一大忌讳。由于缺少资源、缺少资金,应该从小生意做起,逐步积累资金与经验。

(二)资源和项目的自我匹配

综合考虑个人或团队的兴趣爱好、专业特长、人脉资源、投资能力。优先筛选与自身特点、资源相匹配的创业项目。

第三节 创业风险

在创业过程中,创业者要投入大量的人力、物力和财力,要引入和采用各种新的生产要素与市场资源,要建立或者对现有的组织结构、管理体制、业务流程、工作方法进行变革。这一过程中必然会遇到各种意想不到的情况和各种困难,有可能使结果偏离创业的预期目标,从而使创业者和企业遭遇风险。创业是否能够成功关键在于谁能战胜风险,在风险中求胜。因此,对于创业者而言,选择创业就意味着选择了承担风险,如何正确识别和防范创业风险是创业者和企业持续关注的问题。

一、创业风险的概念及特征

创业存在高风险,在创业过程和所创办的企业经营中都面临着随时被市场淘汰的风险。作为创业者,对所创企业的整个生命周期都要时时关注、处处关心。因此,增强风险意识,区分与识别风险并采取相应的风险预防措施是每一个创业企业所必然面对的课题。对创业的认识误区会导致创业者付出的努力与回报产生严重的分歧,这就要创业者从思想上有一个理性的认识,从而提高创业成功的可能性。当创业者决定企业退出时,要对企业进行充分评估,选择恰当的时机,一方面可以减少损失,另一方面也可以使投资利益最大化。

(一)创业风险的概念

广义的风险指的是由于客体的复杂性、主体能力与实力的有限性、环境的不确定性而导致某一事项或活动偏离预期的现象或存在偏离预期的可能性。简单地说,风险就是发生不幸事件的概率。如果从形式上将其进行划分可以分为3类:一是必然风险,即无论如何都不能避免其发生的风险;二是潜在风险,它是否发生取决于诱发因素,既有可能发生,也有可能不发生;三是想象风险,即人们认为有可能发生,但其实并不会发生的风险。

对风险有了大体的了解后,这里将着重讲解创业风险。所谓创业风险是指由于创业机会与创业企业的复杂性、创业者与创业团队能力与实力的有限性、创业环境的不确定性而导致创业活动偏离预期目标的可能性。创业风险可能会给创业者的现行财产或潜在的利润带来损失。当然,这里所说的财产不仅是指库存、设备等硬件设施,也指公司人力资源、技术条件、信誉等。

(二)创业风险的共同特征

虽然不同的创业项目存在的风险不尽相同,但创业风险有一些共同的特征。了解这些特征有助于创业者更好地预测创业过程中存在的风险。

1.客观性。创业风险存在于创业活动的整个过程中,不因人的意志而转移,也没有办法完全消除,伴随创业活动始终。

2.损害性。创业风险与创业者的切身利益密切相关,风险一旦发生必然会给创业者的利益带来一定的损害。

3.不确定性。创业风险与时间、空间、损失程度密切相关,但是时间、空间、损失程度又是不确定的,它们是不断变化的,这就造成了创业风险的不确定性。

4.可预测性。对于单个的创业者或者个别的单位来讲,创业风险是随机的。但从总体上看,在一定时期内某种风险发生的概率和损失率是能够用概率论原理预测出来的。因此,通过对客观环境的观察是能够做到对创业风险进行正确预测的。

5.可控性。风险是由一定的客观条件造成的,当客观条件发生变化时,风险及其带来的损失也会发生变化。因此,控制引发风险的客观条件在一定程度上可以控制风险的发生,或将风险带来的损失降到最低。

二、创业风险的主要来源

任何的创业项目都是存在风险的,若想赢得最大的利益就要学会规避风险。要规避风险就要知道风险的源头在哪里,从源头上杜绝风险。创业风的根本来源是创业环境的不确定性、创业机会与创业企业的复杂性、创业者及创业团队与创业投资者的能力与实力的差异性。具体表现为在将某一构想或技术转化为具体的产品或服务的过程中出现的几个基本的、相互联系的缺口。

(一)融资缺口

创业者可以证明其构想的可行性,但往往没有足够的资金使其实现商品化,从而给创业带来一定的风险。通常只有极少数基金愿意鼓励创业者跨越这个缺口,如富有的个人或机构专门进行早期项目的风险投资以及政府资助计划等。

(二)研发缺口

研发缺口主要存在于仅凭个人兴趣所做的研究判断和基于市场潜力的商业判断之中。当一个创业者最初证明一个特定的科学突破或技术突破可能成为商业产品基础时他仅仅停留在自己满意的论证程度上。然而,这种程度的论证后来不可行了。在将预想的产品真正转化为商业化产品(大量生产的产品)的过程中,即具备有效的性能、低廉的成本和高质量的产品,在能从市场竞争中生存下来的过程中,需要大量复杂而且可能耗资巨大的研究工作(有时需要几年时间),从而形成创业风险。

(三)信息和信任缺口

信息和信任缺口存在于技术专家和管理者(投资者)之间。也就是说,在创业中存在两种不同类型的人:一是技术专家;二是管理者(投资者),这两种人接受不同的教育,对创业有不同的预期、信息来源和表达方式。技术专家知道哪些内容在科学上是确定的,哪些内容在技术层上是可行的,哪些内容根本就是无法实现的。在失败类案例中技术专家要承担的风险一般表现在学术上、声誉上受到影响以及没有金钱上的回报。管理者(投资者)通常比较了解将新产品引进市场的程序,但当涉及具体项目的技术部分时他们不得不相信技术专家,可以说管理者(投资者)是在拿别人的钱冒险。如果技术专家和管理者(投资者)不能充分信任对方或者不能够进行有效的交流,那么这一缺口将会变得更深,带来更大的风险

（四）资源缺口

资源与创业者之间的关系就如颜料、画笔与艺术家之间的关系，没有了颜料和画笔，艺术家即使有了构思也无从实现，创业也是如此。没有所需的资源，创业者将一筹莫展，创业也就无从谈起，在大多数情况下创业者不一定也不可能拥有所需的全部资源，这就形成了资源缺口，如果创业者没有能力弥补相应的资源缺口，则要么创业无法起步，要么在创业中受制于人。

（五）管理缺口

并非所有的创业者都是出色的企业家，也并非所有的创业者都具备出色的管理才能，一旦创业者在这两方面的能力有欠缺，那么创业企业在管理方面就存在一个巨大的缺口。创业者进行的创业活动主要有两种：一种是创业者本人是技术型人才，利用某一高新技术进行创业，但不一定有管理才能；另一种是创业者的思维较活跃，往往在经商过程中有新鲜的点子，能够挖掘出商机，但却不善于企业的战略规划、经营管理。这两种人创业都会使企业出现管理缺口。

三、创业风险的分类

在创业前期准备阶段，创业者需要对未来可能遇到的风险有一个理性的把握。掌握风险的分类有助创业者在创业的不同发展阶段结合对风险的估计，努力防范和降低风险。对风险的分类有很多种，根据性质可以将其划分为系统风险和非系统风险两大类。

（一）系统风险

系统风险主要是创业环境中的风险，即创业者和新创企业本身控制不了的风险诸如商品环境风险、商品市场风险、资本市场风险等。对于这类风险，创业者只能在创业过程中想方设法规避。

1.环境风险。影响创业的因素很多，包括市场需求变化，政治、政策、法律法规的调整，以及突发的自然灾害等。这些因素共同构成了创业的大环境，其中任意因素的改变都可能对创业者带来致命的打击。例如，由于国际关系变化或有关政策改变而可能导致创业者或企业蒙受损失，宏观经济环境发生大幅度波动或调整而使创业者或创业投资者面临失败等。因此,创业者在创业准备阶段一定要理性预测、评估未来可能发生的环境风险,并提前做出相应对策、预案。

2.市场风险。它是指由于市场的不确定性带来的创业失败的可能性。在现实市场中,创业者很难预测消费者是否会接受新推出的产品或服务,也很难确定该产品或服务的市场成长速度和竞争力,因为创业市场大多是潜在的、待开发的行业,市场的价格变化、市场战略失误、市场供需的变化等都会给创业者带来一定的风险。这就需要创业者在创业过程中做好充分的市场调查。

(二)非系统风险

非系统风险是指创业者自身行为的不确定性带来的风险,即创业者和新创企业在一定程度上可以控制的风险,诸如团队风险、技术风险、经营管理风险、财务风险等。

1.团队风险。这主要是指在创业过程中由于某些原因导致创业团队解散而使创业活动无法进行下去。在新创企业中团队无疑是最重要的核心资源。所有团队成员需要各司其职、齐心协力,共同承担所有的风险,确保创业顺利进行。但是创业过程中,由于初创企业的不完善,在管理和制度方面或多或少会存在一定的问题,如果团队成员没有共同的价值目标和追求,则很难始终如一地为企业付出。创业过程是充满了风险和冒险的,很多人往往因为结果的不确定性而犹豫不决或望而却步,进而产生畏惧心理,这个时候团队就更需要凝聚力来支撑企业的正常运营。

2.技术风险。它往往存在于高科技创业的企业中,是指由于产品研究开发、技术整合、批量化生产中技术控制的探索性导致的不确定性而引起的风险。技术创新与产品生产之间存在着天然的鸿沟,不是所有技术创新都可以在实践中转化为产品。一旦新技术在产品生产过程中出现故障,那么掌握新技术的创业者极有可能要面对失败的结局。同时,高科技产品更新换代的速度快、成果转化的周期短、市场反馈快、同行业内竞争激烈、产品设计和工艺更新迅速,这样的结果往往使一个创业团队耗费大量精力和时间辛苦研发出的某项产品、技术或服务,投放到市场的时候却发现产品的竞争力优势并不明显,甚至很快被替代。尤其是在知识经济时代,伴随着某个创业者推出某项创新产品,就极有可能发生其他同行或大企业也推出的"模仿创新现象",甚至这种模仿创新要超越之前创业者最先推出的产品,从而挤占市场空间。例如,智能手机取代传统手机的潮流让诺基亚曾经缔造的"手机王国"轰然倒塌。

3.经营管理风险。它是指新创企业的经营机制和管理方法不能适应企业发展而导致有失败的可能性。随着实践的延续,新创企业的经营管理风险会逐渐显现,在企业运作的过程中管理不善、决策失误、权利分配不合理、团队激励失效、缺少规划等都会影响企业持续经营的水平。如果在风险降临时没有准备好应对措施,或者企业没有进行科学合理的战略规划,又或者管理制度、经营策略等存在漏洞或缺陷,这都会给企业带来致命打击。

4.财务风险。财务风险是指因资金不能适时供应而导致创业有失败的可能性。创业尤其是依托高新技术产品进行的创业,一方面所需的创业资金规模较大,融资渠道较少,如果创业者不能及时解决就非常容易造成创业夭折。而另一方面创业需要创业活动持续进行,往往需要进一步的投资,若缺乏这种持续投资能力,资金支持不能按时按需到位就可能导致创业失败。所以,创业者应随时关注创业期间的筹资风险和现金流风险。财务风险的特征是高风险和高收益并存,因此需要增强创业者和企业管理人员的风险意识,建立健全财务风险防范机制,为正确决策提供参考。

四、创业风险的防范

创业过程中存在诸多风险,但是风险并不意味着失败。如果采取措施得当、及时有效就有可能规避风险,还有可能获得收益,所谓的风险越大机会也就越多。

(一)系统性风险的防范

系统性风险是创业者本身无法控制的、难以消除的风险,创业者只能在创业过程中设法规避。如何对系统性风险实施有效管理,在获得高收益的同时把系统风险降到最低限度,这对创业企业来说至关重要。

1.谨慎分析。创业者应对其所处的创业环境进行深入了解、谨慎分析。目前,我国实施更加积极的就业政策,贯彻鼓励创业的方针,在自主创业税费减免、小额担保贷款、创业地落户及场地、项目、技术、培训等方面,为大学生创业提供了一揽子优惠和鼓励政策,创造了更为宽松的创业环境。创业者首先应对创业环境进行正确地认识和了解,对创业环境进行合理评估,通过层层细化、逐级分析来熟悉创业的宏观环境和微观环境等,以求准确深入地分析创业过程中可能遇到的系统风险。

2.正确预测。创业风险中有些是可以预测的,有些是不可预测的。创业者应尽可能运用所学知识和所掌握的资源,采用科学的方法对那些能够预测的风险进行深入分析,通过和团队成员探讨、请教外部专家等方法来预测创业环境的可能发生的变化以及变化会给创业企业带来的影响,尽量对创业的系统风险做到心中有数,以便制定相应的应对策略。

3.合理应对。由于系统风险的不可分散性,创业者只能通过谨慎分析和正确预测来制定合理的应对措施,巧妙规避并尽可能降低系统风险发生对创业者自身或创业企业的不利影响。例如,预测到市场利率上升则尽量筹集长期资金,预测到未来经济低迷则尽可能持有较多现金等。

(二)非系统性风险的防范

非系统性风险在某种程度上是可控的,是由创业者或创业企业自身因素引起的,可以通过一定的手段和措施加以控制,在风险和收益之间进行抉择和权衡,并在争取实现目标的前提下管理风险、控制风险、规避风险。

1.团队风险防范。团队是创业活动中的重要资源,由此产生的风险对创业企业来说往往也是致命的风险,所以一定要予以充分关注:①创业者要不断地充实自己,持续提高个人素质,使自己的知识和能力与创业活动相匹配;②通过沟通、协调、激励、奖惩、评价、目标设定等多种手段管理团队。并在创业团队发展的不同阶段确定相应的管理内容,科学合理地对成员进行评估;③招聘那些具有良好职业道德和团队合作意识、拥有与岗位技能相匹配的员工,在合同中明确权利和义务,还有通畅的人事管理系统,使员工能够团结一心、协作良好。另外,创业团队成员的股份比例、工资等方面要根据团队分工而有所差异,不要出现人人平等的统一现象,这也是为了防止权力分散,在进行大决策时能够采取理性的措施。

2.技术风险防范。对技术风险进行防范是提高创业成功率、减少风险损失的重要方法。技术风险防范是指创业者对技术风险进行识别、预测，并采取有效措施进行回避、转移、削减的行为。主要从3方面进行：①应加强对技术创新方案的可行性论证，减少技术开发与技术选择的盲目性，并建立技术发展趋势的监测系统，实时追踪相关技术的发展状况，判断未来趋势，监测竞争对手的研发进展、产品的商业化进展，关注市场对不同技术产品的种种反映；②风险转移，即创业者可以在合适的时机，通过选择战略合作伙伴或组建技术联合开发体等方式，采取灵活的方式让更多主体来分担风险，从而使本企业所承担的风险相应减少；③高度重视专利申请、技术标准申请等保护性措施，通过法律手段减少损失出现的可能性。

3.管理风险防范。创业企业由于自身的诸多不确定性，所以会存在或多或少的问题。通过提高管理者的素质改变管理和决策方式，健全管理制度可以有效应对企业管理风险。首先，努力提高核心创业成员的素质，树立其诚信意识和市场经济观念，并以此为基础搞好领导层的自身建设，建立能够适应企业不同发展阶段变革的组织机构；其次，建立人才储备机制，以确保员工的调离和补充与企业的发展相匹配；再次，需要明确企业管理制度和监督机制，将企业的执行权和决策权合理分配，各司其职，相互协作；最后，要构建合理、融洽、积极向上的企业文化，建立适应企业发展的工作氛围。

4.财务风险防范。筹资困难和资本结构不合理是很多创业企业明显的财务特征和主要财务风险的来源。要规避财务风险应做到以下几点：①创业者要对创业所需要的资金进行合理估计，避免筹资不足影响企业的健康成长和后续发展；②确定适度的负债数额，保持合理的负债比例，并根据创业企业的实际情况制订合理的负债财务计划；③创业者或团队一定要学会在企业的长远发展和目前利益之间进行权衡，设置合理的财务结构，从恰当的渠道获得资金；④管理创业企业的现金流，构筑严密的企业内控体系，用收付实现制的会计原则来管理现金流，避免因现金断流带来财务拮据甚至破产清算的局面。

第四章 大学生自我意识培养及学习心理的机制

第一节 自我意识及培养

在德尔菲的阿波罗神庙门楣上刻着苏格拉底的箴言："人啊，认识你自己。"在大学时期，大学生们更加关注心理自我，不断地探索"我是谁"这一问题，以求更加科学地认识自我、评价自我、最终悦纳自我。

一、自我意识的概念

自我意识是对自己身心活动的觉察，即自己对自己的认识，具体包括认识自己的生理状况（如身体、体重和体态等）、心理特征（如兴趣、能力、气质和性格等）及自己与他人的关系（如自己与周围人们相处的关系，自己在集体中的位置与作用等）。

（一）知、情、意：自我意识的含义

自我意识可以从不同的角度来分析，从知、情、意的角度，分为自我认知、自我体验、自我控制；从自我本身的角度，分为生理自我、社会自我、心理自我。自我意识的分类见表4-1。

表4-1　自我意识的分类

	自我认知	自我体验	自我控制
生理自我	对自己的身体、外貌、衣着、风度、家属、所有物等的认识	英俊、漂亮、有吸引力、迷人、自我悦纳	追求身体外表、物质欲望的满足，维持家庭的利益等
社会自我	对自己的名望、地位、角色、性别、义务、责任等的认识	自尊、自信、自爱、自豪、自卑、自怜、自恋	追求名誉地位，与他人竞争，争取得到他人的好感等

	自我认知	自我体验	自我控制
心理自我	对自己的智力、性格、气质、兴趣、能力、记忆、思维等特点的认识	有能力、聪明、优雅、敏感、迟钝,感情丰富、细腻	追求信仰,注意行为符合社会规范,要求智慧与能力的发展

从表中可见,从知、情、意来看,自我意识在以下三个层面上展开。

1. 自我认知。自我认知是自我意识的认知成分,是指主我对客我的认知和评价。它是自我意识的首要成分,也是自我调节和控制的心理基础,它还包括自我感觉、自我概念、自我观察、自我分析和自我评价。其中,自我评价是对自己能力、品德、行为等方面社会价值的评估,它最能代表一个人自我认识的水平。

自我认知主要解决我是一个什么样的人的问题。比如,有人观察自己的体形,认为属清瘦型;分析自己的品性,认为自己是个诚实的人;用批评的眼光审视自我时觉得自己脾气急躁,容易冲动。

如果一个人在社会生活中认为自己低人一等,没有价值,那么他就会产生自卑感,做事缺乏胜任的信心,没有主动性和积极性,其结果是无论做什么事都难以保证质量。相反,如果一个人只看到自己的长处,那么他就会产生盲目乐观的情绪,自我欣赏,自以为是,其结果是不能处理好人际关系,难以与人合作,或被他人拒绝、被群体所孤立。可见,客观认知和评价自我对个人的健康发展有着不可忽视的影响。

2. 自我体验。自我体验是个体对自己怀有的一种情绪体验,即主我对客我所持有的一种态度,它反映了主我的需要与客我的现实之间的关系,是自我意识在情感方面的表现。客我满足了主我的要求,就会产生积极肯定的自我体验,即自我满足;反之,客我没有满足主我的要求,则会产生消极否定的自我体验,即自我责备。

客我能否满足主我的要求往往与个体的自我认知、自我评价和个体对社会规范、价值标准的认识有关。自我体验的内容十分丰富,如自尊心与自信心、成功感与失败感、自豪感与羞耻感等。比如,有人因为自己长得不好看所以对自己不满意,从而感到自卑,甚至不愿接受这个丑陋的自我。

3.自我控制。自我控制是自我意识的意志成分。自我控制主要表现为个人对自己的行为、活动和态度的调控,它包括自我检查、自我监督和自我调节等。自我检查是主体在头脑中将自己的活动结果与活动目的加以比较、对照的过程。自我监督是一个人以其良心或内在的行为准则对自己的言行实行监督的过程。自我调节是自我意识中直接作用于个体行为的环节,它是一个人自我教育、自我发展的重要机制,自我调节的实现是自我意识的能动性的表现。自我意识的调节作用表现为:启动或制止行为、心理活动的转移、心理过程的加速或减速、积极性的加强或减弱、动机的协调、根据所拟订的计划监督检查行动、动作的协调一致,等等。例如,学生为了克服贪睡的欲望晨起跑步早读;身患感冒的学生在上课时强行压制自己避免咳嗽。

(二)自我多面体:自我意识的内容

世上没有两片完全相同的树叶,每一个个体都是独一无二的。人就好比出自大自然之手的独一无二的钻石,拥有很多不同却又相关的方面,正是这些不同的面造就了钻石的璀璨夺目。

1.生理的自我、社会的自我和心理的自我。生理的自我又称为物质的自我,它是一个人对自己身躯的认识,包括占有感、支配感和爱护感。美国心理学家奥尔波特等人认为,婴儿出生以后,最初他们不能区分属于自己与不属于自己的东西。对于自己的手、脚和周围的玩具都视为同样性质的东西加以摆弄,3个月的婴儿能对人发出微笑,这表示婴儿对外界的刺激产生了反映。8个月的婴儿开始关心自己在镜子里的形象,但10个月的时候依然不知道镜子里的形象就是自己。一般认为,婴儿要到2岁零2个月以后才会认识自己在镜子里的形象,大约与此同时开始学会使用"你"这个人称代词。心理学家大多认为儿童要到3岁的时候自我意识中的生理自我才能形成,同时也开始更多地使用人称代词"我"字。这时候儿童所表现出来的行为大多是以我为中心的,所以有些心理学家称这一时期为"自我中心期"。

社会的自我时期又称为个体客观化时期。这个阶段大约是从3岁到青春期之前,即3—14岁的时候,这段时间是个体接受社会影响的重要时期,也是个体实现社会自我的最关键的阶段。这期间儿童的游戏往往是成人社会生活的缩影,儿童在游戏中扮演某种社会角色,也是他们学习角色行为的一种方式,在游戏中儿童揣摩着角色的心理状态,体验着角色间的相互关系。特别是儿童通过学校中的社会化生活加速了他们社会自我的形成过程。

心理的自我又称精神的自我,这个阶段主要是从青春期到成年,大约10年的时间。在这期间,个体无论在生理上还是在心理上都发生了一系列急剧的变化:骨骼的增长、性器官的成熟、想象力的丰富、逻辑思维能力的日益完善。这些变化意味着个体自我意识的发展进一步趋向主观性。个体开始独立认识多彩世界,个人的价值体系也逐渐形成,抽象思维得到发展,逐渐形成自我理想和自我价值,同时个体的自我意识也确立了。

2.本我、自我和超我。本我是一个原始的、与生俱来的非组织性的结构,它是人出生时人格的唯一成分,也是建立人格的基础。本我过程是无意识的,是人格中模糊的部分,我们对它几乎什么都不知道。不过只要当一个人有冲动的行为时我们就可以看到本我在起作用。例如,一个人出于冲动将石块扔向窗户,或惹是生非,或强奸妇女,这时,他就处于本我的奴役之中。本我是非道德的,是本能和欲望的体现,它为人的整个心理活动提供能量,强烈地要求得到发泄的机会。本我遵循着"唯乐原则"工作,即追求快乐、逃避痛苦。弗洛伊德说:"我们整个的心理活动似乎都是在下决心去追求快乐而避免痛苦,而且自动地受唯乐原则的调节。"

自我是意识结构部分,是个体通过后天的学习和对环境的接触发展起来的。弗洛伊德认为无意识结构部分的本我不能直接接触现实世界,为了促进个体与现实世界的交互就必须通过自我。个体随着年龄的增长逐渐学会了不能凭冲动随心所欲,他们逐步考虑后果,考虑现实的作用,这就是自我,自我是遵循"现实原则"的。因此它既是从本我中发展出来,又是本我与外部世界的中介。弗洛伊德在《自我与本我》一书中把自我与本我的关系比作骑士和马的关系,马提供能量,而骑士则指导马朝着他想去游历的路途前进。这就是说,自我不能脱离本我而独立存在,然而由于自我联系现实,知觉和操纵现实,于是能参考现实来调节本我。这样,自我按照现实原则进行操作,现实地解除个体的紧张状态以满足其欲望。因此自我并不妨碍本我,而是帮助本我最终合理获得快乐和满足。

超我,简言之,就是道德化了的自我。它是从儿童早期体验的奖赏和惩罚的内化模式中产生的,即根据父母的价值观,儿童的某些行为因受到奖赏而得到促进,而另一些行为却因被惩罚而受到阻止。这些奖赏和惩罚的经验逐渐被儿童内化,当自我控制取代了环境和父母的控制时,就可以说超我已得到了充分发展。充分发展的超我有"良心"和"自我理想"两部分。良心是儿童受惩罚而内化了的经验,它负责对违反道德的行为做惩罚(内疚);自我理想是儿童获得奖赏而内化了的经验,它规定着道德的标准。超我的主要功能是控制个体的行为,使其符合社会规范的要求。

本我、自我和超我之间相互补充、相互对立。本我和超我是一对矛盾,经常处于不可调和的状态。自我则力图调节本我和超我的冲突。弗洛伊德把自我比喻为三个暴君统治下的臣民,必须尽力满足本我贪婪的欲求,应付残酷的外部事件,还要被严厉的超我所监视。一个健康的人身上,强大的自我在这三方力量之间进行周旋、调节,以达到一个平衡的状态。

二、大学生自我意识发展的特点

大学时期,大学生们逐渐获得心理自我,开始关心自己的形象,关注自己的心理活动,不再简单地认同别人的观点,而是有自己独特的见解,具有浓厚的主观性。这一阶段处于自我意识的迅速发展时期,一般具有以下特点。

(一)自我意识开始分化并且迅速发展,自我矛盾出现

进入大学以后,随着学习、生活方式的改变和心理意识的发展,大学生的自我意识有了明显的变化,出现了理想自我和现实自我的分化,并且迅速发展,这就导致矛盾冲突日益明显。大学生对自己的生活充满信心,对未来抱有幻想,而现实往往不是他们所想象的,于是就出现了理想自我和现实自我的矛盾。这种矛盾分化使得大学生发生自我意识的改变,经过自我体验和自我调控而表现出各种激动、焦虑、喜悦与不安情绪。当理想自我占优势时往往会将"客体我"萎缩到实际能力以下,总认为自己事事不如人,从而产生较强的自卑感,甚至放弃努力,形成自我怜悯或伤感的心理状态。当"现实我"占优势时就往往表现出较强的虚荣心和自我陶醉,特别在乎别人对自己的评价,担心暴露

自己的缺点。

自我意识的分化主要表现在以下六个方面。

1.主观我与客观我之间的矛盾。自我有主观我与客观我之分,英语中的I与Me能很好地区分这一含义,前者是主观我,用来表示我是什么,我做什么;后者作宾语使用,表示怎样看待我,给我什么。主观我是一个人对社会情境做出的反应,是自我中积极主动的一面。主观我与客观我应该是统一的,这种统一是个人对客体的认识与个人愿望的统一,是个人与社会的统一,是"自我同一性"的形成,更是良好的自我意识的标志。但是,由于自我的结构是多种多样的,每个人所处的社会环境存在着很大的差异,主观我与客观我并不总是存在着统一。

大学生的主观我与客观我的矛盾相对突出。作为同龄人中能够接受高等教育的人,大学生对自我有较高的积极评价,但由于他们远离社会缺乏社会经验,在校园浓郁的学术与文化氛围中生存成长,对社会缺乏实际与客观的了解。另外,随着高等教育大众化进程的推进,适龄青年接受高等教育的机会增加,社会对大学生的评价更趋客观。例如,社会上对当今大学生"重理论轻实践、重专业轻基础,重科学轻人文"的评价及"本科生不专,硕士不研,博士不博"的看法,这促使大学生回归本位,身上的光环消失,使他们产生失落感。

2.理想我与现实我的冲突。理想我是指个人想要达到的完美的形象,是个人追求的目标,它引导个体实现理想中的个人自我。现实自我是个人从自己的立场出发,对现实中自我的各种特征的认识。现实自我又称个人自我,主观性较强。在现实生活中,理想自我与现实自我总是存在着一定的差距,合理的差距能够使人不断进步、奋发有为。但是如果差距过大则有可能引起自我的分裂,导致一系列心理问题。

青年时期的大学生心中承载着无数的梦想,每个人都渴望拥有一把登天的天梯,他们有抱负、有追求、有理想,成就动机强烈,特别是当市场经济将人们的成就意识凸显时很多大学生心中涌动着如比尔·盖茨般成功的梦想,他们为自己设定了一个美丽的"理想我",也对大学生活进行了理想化设定。但当他们踏入大学后现实与心中的理想形成了巨大的反差,新生出现了"理想真空带"与"动力缓冲带",一时间找不到自己生活的方向。对理想自我的渴望与对现实自我的不满构成了这一时期大学生自我意识发展的重要组成部分。值得重视的有两个方面:一是理想我与现实我有一定距离是正常的,它可以激励大学生奋发图强、积极向上,向着梦中的方向飞奔;二是当现实我距离理想我太过遥远时大学生会产生各种各样的心理不适甚至自暴自弃,变得平庸无为,变得无所事事,变得没有动力。

当理想我与现实我发生冲突,积极的自我调适便非常必要。这时,大学生要重新调整和评估自己的理想,直到通过努力可以达到为止。

3.独立与依附的冲突。大学生生理与心理的成熟使他们渴望独立,以独立的个体面对生活、学习与工作中遇到的问题,但由于长期的校园生活使他们应有的社会阅历与经验相对匮乏,当应激事件出现时却又盼望亲人、老师、同学能够替自己分忧。另外,大学生心理上的独立与经济上的不独立也形成了明显的反差。在他们迫切希望摆脱约束、追求自立的同时却又不可能真正摆脱家长、老师的支持和帮助。特别是对于某些独生子女来说,由于长期受到父母的溺爱,这种独立与依赖的矛盾就表现得非常突出。

应当指出的是,独立并非意味着独来,独立并非不需要任何人的帮助和指导,并非不需要依赖别人,而在于个人必须对自己的行为负责任。"一个好汉三个帮",即使是一个独立性很强的人也有依靠别人的时候。不同的是,独立的人更多的是依靠自己的力量和努力去克服或解决自我的问题,而不是完全依靠他人的帮助或依赖于别人;独立的人能够权衡利弊、审时度势,能够勇敢做出决定并能够勇于承担自己的行为责任。

过分依附使大学生缺乏对客观事情的判断能力与决断能力,显得优柔寡断,缺乏主见;而过分独立又使部分学生陷入"不需要社会支持"及"凡事都要靠自己"的意识中,采取我行我素、孤傲自立的行为方式,但在遭遇挫折时又会出现不知如何寻求帮助的情况。事实上,任何心理成熟的独立的现代人都需要他人的帮助,广泛的社会支持是个体心理健康不可或缺的。

4.渴望交往与心灵闭锁的冲突。人没有哪个时期比青少年时期更加渴望友情与爱情的滋养,更加渴望同辈群体的认同与归属感。在这个时期每个人都渴望着爱与友谊、渴望着交往与分享、渴望着自我价值得到实现、渴望着探讨人生的真谛,寻找人生的知己,希望成为群体中受尊敬与欢迎的人;然而,大学生的自我表露又受着心灵闭锁的影响,总是不经意地将自己的心灵深藏起来,与同学有意无意保持着一定的距离,存在着戒备心理,不能完全敞开心扉交流与沟通思想。这也是大学生常常感到"交往不如中学那么自如真诚"的原因所在。

5.自负与自卑的冲突。自信是一种健康的心理,是健全的自我意识与成熟人格的标志。但是由于大学生的自我意识尚在发展过程中,心理尚未完全成熟,不可能对自己有正确的认知,因而对自己的认知往往会出现自信的偏差,如自卑或自负。自负是一种过度的自信,拥有这种心理的人一般缺乏自知之明,总认为自己是对的,把自己的意志强加在别人身上,不能与人和睦相处。自卑是一种自我否定,表现为对自己缺乏信心,对自己不满和否定,拥有这种心理的人总以为自己存在着不足与失误,因而遇事总会胆怯、心虚、逃避、退缩,缺乏独立主见。自负与自卑总是紧密相连的,自负表现强烈的人往往也是极度自卑的人。与其他群体相比,大学生体现出较高的自尊与自信,他们渴望成功,不甘落后,对成功的渴望与预期比较高,特别是当小小的成就来到身边时很容易骄傲自大、唯我独尊、以自我为中心,相当自负,好像世界尽在手中一样。当遭遇失败与挫折时,有时甚至是小小的失利,如考试失败、恋爱失败,他们便开始怀疑自己的能力,进而自我否定、自我怀疑甚至自暴自弃,陷入强烈的自卑之中。这些都与大学生自我认知不良、自我定位不准确有关。

6.理智与情感的冲突。大学生情绪的一个显著特点是容易两极分化,或高或低,波动性大,易冲动,不易控制。但随着身心的发展与认知水平的提高,大学生渐渐成熟,在遇到客观问题时既想满足自己情绪与情感的要求,又想服从于社会及他人的需求。特别是当遇到失恋等人生打击时,尽管理智上能够理解,却在感情上难以接受。

(二)大学生自我意识的整合

自我意识的矛盾冲突常常会给大学生带来不安或心理痛苦,他们总是力图通过自我探究来摆脱这种不安与痛苦。在自我意识的矛盾冲突中,大学生的自我意识在不断调整、发展。在自我意识的不断调整、发展过程中他们极易寻求新的支点,寻找自我意识的统一点,整合自我意识。由于自我意识具有复杂性与多维性,大学生逐渐在多向度中审视自我、调整自我,向理想自我靠近。这也是我们常说的自我统一性的建立。从多维度观察的自我同一性越高,大学生自我意识的发展越好,人格越完善。从自我意识的性质看,大学生自我意识的统一会出现以下几种类型。

1.自我肯定型。自我肯定型大学生的特点是正确的理想自我占优势,对现实自我的认识比较全面、客观、深刻,理想自我与现实自我能够通过积极的努力达到统一。统一后的自我完整且强有力,既适应社会发展的需要,又有助于大学生自身的健康成长。例如,一位大学三年级的同学这样分析自己:"我向往能干一番轰轰烈烈的事业,但我也明白成功要受许多条件的限制,我不能苛求社会来满足我的要求。每个人都有自己的生活坐标,踏踏实实奋斗,静静地体会,勇敢地把握才是生活的真谛。"

2.自我否定型。自我否定型大学生的特点是对现实自我的评价过低,理想自我远远高于现实自我,经过努力仍无法拉近二者间的距离,或距离虽不大,但主观上缺乏自我驾驭能力,心理常呈现出一种消极的防御状态,理想的我与现实的我是一种消极的统一。这些同学只想通过简单的努力去实现理想的我,因而一遇到困难、挫折便会灰心丧气,在一定程度上放弃理想自我而迁就现实自我,以求得自我意识的统一。他们自卑感重,对自己缺乏信心,极易悲观失望。

3.自我扩张型。自我扩张型的大学生过度高估了现实自我,以致形成虚妄的判断,确立一个不切实际的甚至错误的理想自我,并认为理想自我的实现轻而易举,理想自我与现实自我的统一是虚假的统一。例如,有的同学自认为自己与众不同,整天以幻想的我、理想的我代替真实的我,不肯面对现实的我;有的同学常常自吹自擂,埋怨历史、社会和他人。自我扩张型的大学生很容易产生心理变态,个别同学还可能用违反社会道德甚至违法犯罪的手段谋求理想自我与现实自我的统一。例如,一些同学为满足自己"人生在世,吃穿二字"的物质需要,不惜偷盗同学或学校的财物,供自己挥霍,从衣袜鞋帽到各种贵重物品,以致锒铛入狱。

4.自我萎缩型。自我萎缩型的大学生表现为理想自我极度缺乏或丧失,对现实自我又极为不满。他们认为理想自我难以实现,甚至永远无法实现,于是要么放弃对理想自我的追求,消极放任、玩世不恭;要么自轻自贱、自怨自艾,出现自我拒绝心理,甚至出现理想自我与现实自我的对抗,严重者可导致精神分裂症或因绝望而轻生。

5.自我矛盾型。自我矛盾型的大学生表现为理想自我与现实自我无法协调,因而自我意识难以统一,无法转化出一个新的自我。这种同学内心冲突强度大,延续时间长,新的自我无从确立,积极的自我难以产生,内心始终充满矛盾和冲突,自我认识、自我体验和自我控制缺乏稳定性和确定性。

三、大学生自我意识的偏差及调适

在大学阶段正好是青年学生积极探索、寻求自我的关键时期,思维活跃的他们不断地进行尝试,做出各种假设。虽然在这个时期自我意识高度发展,但还未完全成熟,积极探索也会带来各种发展偏差。那么,是不是为了避免出错我们就停止探索?不,这样做的话会使我们失去很多精彩、激情的生活,所以我们要多多了解这时期自己会出现什么样的自我意识偏差,主动积极地调节自己,以获得更加健康的自我。

(一)自我为中心

大学时期是年轻人进行自我探索最集中的时期,在自我分化的基础上我们总会体验到各种各样成长的烦恼,我们不断地探索着,不断认识着自我,不断地寻求自己独特的处事风格,不断地进行自我设计,"我"在这过程中就不知不觉成为问题的出发点了,我们或多或少都会有一点以自我为中心。这时可能有人要反对说:"不,我很乐于帮助其他同学,我很替他人着想呢!"其实在这时可能已经将自我为中心等同于自私了,自私是人将自己的利益置于最高处,并有意识地不顾一切地去捍卫它。而自我为中心的举动往往在我们没有意识的情况下发生。

造成大学生自我为中心的原因主要有三个:其一,缺乏参照系。大多数学生在进入大学之前的十几年都过着紧张而单一的生活,上课、各种各样的辅导班及无穷无尽的习题就是生活的全部了,所有的目标就是考一所重点初中、高中,然后是名牌大学。这种简单的学习生活使他们在面对大学相对复杂而独立的生活时就有点束手无策,仍然以原先我行我素的方式行事;其二,过强甚至有点脆弱的自尊心。当惊喜于自我进步时就很希望和其他人一起分享我们的成果,但有时就会不顾其他人是否喜欢,也不考虑用什么方式分享;其三,对"追求自我"的误解。例如,一个大二的女生进行咨询,她想知道有什么方法能帮助她的室友。这位室友总是很情绪化,高兴的时候就和大家很亲近,很合得来,心情不好的时候就摔门砸窗,对谁都没好脸色,而且没人知道她什么时候爆发,其余几人总是提心吊胆,很不自在。她们曾对她提出抗议,没想到这女孩却说:"你们管得着吗? 高兴不高兴是我自己的事。"其实这位同学对"活得自我"的追求已经超出了正常的限度,影响了他人的生活。

那么如何克服过度的自我为中心呢? 第一,我们要学会站在他人的角度上思考问题,理解其他人为什么要这样做以及这样做时他人的感受;第二,在自我探索的过程中少一点焦虑,不要担心被反驳和批判,实事求是、恰如其分地评价自己,既不要自吹自擂,也不要妄自菲薄;第三,走出自己的小圈子,多参加社会活动,多接触不同的人,了解不同人的需要和生活。

(二)过分追求完美

"我是一个完美主义者。"很多同学都这样评价自己。对自己严格要求固然是好事,因为崇高的理想及在生活细微处对自己精益求精的要求能激励我们不断地努力,不断地超越自我。我们在追求完美时实际上是在享受一种成就感和优越感,因为这样的话我们就与众不同,优于其他人了。然而有的同学会发现他们在追求完美时体验到的不是优越感,而是无限的挫折感,他们越努力却发现离目标越来越远。他们对自己在意的东西都有无限的期望和要求,看重学习的人就会觉得得到第二名是可耻的失败,追星族就会收集他(她)喜欢的明星的所有海报、歌碟和影碟等,这个明星的一点点过失都会让他(她)无法忍受。

什么原因会使我们过分追求完美呢? 原因之一是很多同学生活在他人的期望之中,多年的习惯已经把这些期望误以为是自己的需要了。有些家长总是要求自己的孩子从小到大都做第一,这些家长为了孩子的发展往往做出很大的牺牲,当这些孩子进入大学后就会背负很重的思想负担,认为自己不取得好成绩怎么能对得起自己的父母呢?但衡量自己的标准却随着自己的不断进步而步步升高。原因之二是有些同学不能及时地调整参照体系。曾经做状元,是因为与他(她)竞争的对手实力相对有限,而他(她)却习惯了自己光芒压四方的感觉,进了顶尖名牌大学还要次次做第一,其难度当然大,因为现在的竞争对手有很多曾经都是状元。

有的同学很无奈,"唉,我也知道自己太过分追求完美了,但我不知道怎么改变,感觉身不由己地进入了这个无底的漩涡"。那么就可以从以下方面进行调整:第一,在追求远大理想时对细节可以不要太过分在意,而且要允许自己犯错误;第二,要学会在成功与失败中学习,学会总结,为什么成功,又为什么会失败,做到同样的错误不犯第二次;而且要学会享受过程的快乐,美国心理学家罗杰斯的一个重要观点是"人生就在于过程"。应该全身心投入去实现自己的目标,体会这个过程带来的喜怒哀乐,真实地体会自己的生活。同时也要学会在失败时不要过分自责,除了个人努力,决定成功的还有很多外部无法控制的因素,毕竟通过这次努力知道了以这种方式无法成功,这也是很大的收获;第三,要学会灵活地调整参照体系,仔细分析参照对象的背景和其他条件。而且要学会与自己的相比,大千世界衡量成功的标准太多了,不可能面面俱到,只有确定自己想要的,做到今天比昨天好,一步一个脚印,这样才能不断进步,不然很容易迷失在多重的标准中。

(三)过分自卑

心理学家阿德勒在《超越自卑》一书中曾论述了这样一个观点:追求优越和超越自卑是人发展的最根本的动力,那是因为他所说的"自卑"给予人强大的推动力,推动人超越自己。然而在生活中,我们见到的自卑更多的是消极的具有破坏性的。在这种消极的自卑作用下人们总是对自己持有否定的感觉。即使和其他人差距不大,他们也总能找到很多自己不如他人的地方,当别人说"你也具有某某优点"的时候,他们也会有充足的理由来证明自己不如别人。他们觉得自己是上帝的弃儿,自己理所应当比别人差。

事实上,过分的自卑往往和过强的自尊心联系在一起。他们只有通过相应强度、相反方向的自尊才能抵消过分自卑带给内心的痛苦和折磨。例如,一个女孩指责另外一个同学总不认同自己的观点,但又非常不服气,每次两人有分歧时她就使出浑身解数来维护自己的观点,捍卫自己的正确性。然而在这过强的自尊心背后隐藏的其实是她的自卑,她来自家境贫寒的农村,自小就通过优异的成绩来弥补经济带来的窘迫感,然而进入大学后她的成绩不再优异,而她看不顺眼的那位同学却是家境优越。两人一说话就起争执,也是很自然的事了。

当体验到这种自卑时也不要担心,应该给自己多一些时间,鼓足勇气,就会体验到超越自卑的喜悦。可以做以下尝试:①勇敢面对使自己感到自卑的对象,明确究竟是哪些具体方面使自己感到无能为力和退缩,客观地分析哪些是自己通过努力可以达到的,哪些是自己永远都不能改变的;②根据分析合理地调整自己的期望,确立更加合理的目标;③坦然面对自己,无条件接纳自己,多看到自己所感到自卑的"缺陷"的积极方面,如家境困难的同学相对更独立一些,自我依靠的意识更强一些;④要输得起,以开放的心态面对失败,不要将一切失败的原因都归于自身固有的特点,任何时候都不要放弃希望;⑤学会积极暗示,经常在脑海中呈现理想"我"的状态,将成功的景象视觉化并多回味成功的经历,将这种成功的体验泛化到其他方面。

培养正确的自我意识有利于大学生的心理健康,有利于大学生对自身行为进行适宜的调控,实现自己的理想,有利于大学生的全面发展。培养正确的自我意识必须抓住以下几点。

1.树立正确的自我观。正确的自我观是指作为主体的观察者的自我,积极主动地认识、考察、评价、调控客体的被观察者的自我,从而正确地认识自己,达到主体我和客体我的统一。通常可以采用以下方法确立健康积极的自我观。

(1)比较法:即通过与他人相比较来认识自己。鼓励自己与情况差不多的人比,更要敢于与周围的强者比。在比较中认清自己的优势和劣势、长处和短处,并能够取长补短。

(2)体察法:即从别人对自己的态度中体察自己。他人对自己的态度像一面镜子,可以用来观察自身。这有利于自己跳出自我防卫的圈子,正确认识自己。

（3）内省调适法:即运用自我观察、自我分析、自我报告的方法进行自我评价。通过内省进而使自我变得更为自由和客观,更加独立和稳定,避免自我评价过高或过低。

（4）沟通法:即通过与他人的交流来认识自己。运用这种方法的关键是如实地表现自己,与别人坦率地交换对自己的看法,做到闻过则改。

（5）成果分析法:即借助活动成果来认识自我。活动成果的价值有时直接标志着自身的价值,社会衡量一个人的价值主要是通过活动成果认定的。理想的活动成果可以使个体进一步认识自我的能力,发现自我的价值,从而进一步开发潜能、激发自信。

2.形成悦纳自己的积极态度。悦纳自己是对自己的本来面目抱认可、肯定的态度。建立积极地悦纳自己的态度首先要全面、正确地评价自己。对自己的长处要充分发扬,对自己的短处也要正确对待,既不能护短,也不应该因为有某些短处而灰心。短处一般有两种:一种是可以改变的,如不良习惯、缺乏毅力等,对此要有闻过则改的精神;另一种是无法弥补的,如其貌不扬、身材矮小等,对此要面对现实,有勇气承认。同时在内在的修养、学问上下功夫,以"内秀"补偿"外丑"。悦纳自己还要正确面对失败。一个人在成长的过程中既有成功也会有失败,成功和失败都是事情发展累积的结果,是正常的也是无法控制的事实。

3.换位思考。所谓"己所不欲,勿施于人",说的就是换位思考的道理。如果在日常生活中能够站在对方立场上思考问题就能够找到最佳的思维方式,从而达到得出客观结论的目的。

马加爵讲道:"他们都觉得我很怪,把我的生活习惯、生活方式、隐私都说给别人听,我感觉完全暴露在别人眼里。"事实上他自己感觉的东西不一定是真实的,事情发生以后,根据记者对他同学的调查,也没有人觉得他有什么怪的生活方式,只是觉得他有点内向。马加爵犯罪的归因是他个人的认识,他完全站在自己的角度去猜测,但这并不代表真正的客观事实。

4.增强自控能力。自制力是指一个人在意志行动中控制和调节自己的情绪、约束和支配自己言行的能力。加强大学生心理素质的训练，不断完善其个性和心理结构，力求通过社会实践加强他们对社会、对工作、对自己的更深入的认知和了解，从而增强大学生的认识能力和自控能力以使其偏激心理得到自我调控和暂时的调解。管理规章、奖惩制度的加强也可以使大学生的行为有规可依，以便于强化他们的自制力。自我控制是要求大学生注重培养辩证思维方法，学会用乐观的情绪和积极的心态去对待问题，客观公正地看待事物，增加自我意识中的理性成分，改正偏激和肤浅的缺点。所以必须引导他们用理智战胜私欲和偏激，用冷静战胜冲动，学会控制自己。

5.高校应该加强对大学生的心理救助。专家认为，高校应该加强对大学生的心理救助。一方面可以设立心理咨询机构，另一方面可以开设心理学方面的课程。现在国内很多高校都做到了这两点，但还是有很多学生对心理健康和心理咨询没有形成正确的认识，不愿主动去咨询，这就需要学生的管理者去及时地发现。创造良好的校园文化环境。重视校园文明建设，丰富大学生业余文化。大学生的健康成长离不开健康的环境，大学生自我意识的提高离不开良好的校园文化氛围。

（四）自我意识的评估

自我意识的完善是一个长时间的自我认识、自我调整的过程。在这个过程中正确认识自我、全面评价自我是自我意识完善的基本原则。正确认识和评价自我不能单凭自己的主观印象，而是要在与他人的交往活动中、在社会实践中逐渐形成对自己比较客观、合理的认识。因此，大学生应增加社会生活阅历、扩展人际交往空间、积极参加活动、扩大社会实践范围，这样才能多方面、多角度地认识自我和客观地评价自我。

自我意识是人所特有的心理标志，它不是与生俱来的而是后天获得的，是个体在社会环境中，在与他人的互动中逐渐形成的。

一般而言，大学生对自己的认知可以通过以下四个方面逐渐形成。

1.他人的反馈。通常，别人会对我们的品质、能力、性格等给予清晰的反馈，从而增强我们对自己的了解。当我们被老师告诫要更加大胆、更加主动、更加勤奋一些时,我们便会从中得知:自己有些害羞,不够主动,学习不够勤奋。特别是当许多人对同一件事的看法一致时,我们就会相信这种看法是正确的,从而确定自己是这样的人。激励对成长中的大学生是非常重要的,我们经常说"优秀的学生是夸出来的"。当否定性评价过多时学生会产生"习得性无助"。这是由美国心理学家马丁·塞利格曼研究提出的,它是指对环境失去控制的一种信念,当一个人拥有这种信念时他感到不能从环境中逃脱出来,便会放弃脱离环境。如有的大学生会说,"无论我如何努力,我也不会成为受大家欢迎的人"。事实上,"习得性无助"是一种严重的自我意识障碍,它抑制了人改造与影响环境的能力,强化了顺从甚至屈从并转化为一种内在信念。"习得性无助"是后天形成的,特别容易受到环境的影响。尤其是当大学生来到一个陌生环境开始新的学习生活时环境适应中的自我意识显示出巨大的张力,很多在中学时代有着骄人成绩的学生由于种种原因而认同了自己的平凡并不尝试改变时就极易产生"习得性无助"。

2.反射性评价。在生活中,那些与我们生活无关紧要的人有时并不会给予我们清晰明确的反馈,但我们可以从他们的态度与反应中来了解自己。符号互动学者库利提出"镜中我",认为我们感知自己就像别人感知我们一样,镜子中的我或别人眼中的我就是我们感知的对象,我们常常依据别人如何对待我们来了解自己,这一过程称为反射性评价。

大学生通过与同学、老师交往来感知"自我",可得到一些反射性评价。例如,一个大学生在给倾诉对象的信中提道:"我感到非常孤独,宿舍的同学不喜欢我,常常是我在宿舍外面听着里面在热烈谈论一个问题,而我进入宿舍时谈话就中断了,大家的表情也显示出冷淡与不在乎,我不知道自己做错了什么,得不到大家的认同。这使我非常痛苦。在来自不同家庭背景的同学中我的家境略好些,可这不是我的过错,我一直主动地想与同学相处好,甚至做了一系列努力都得不到大家的认同。在中学以前我一直是非常受人欢迎的,我现在变得沉默了,因为不知道该如何做。"由此可见,反射性评价对自我的形成也起着重要作用。

3.依据自己的行为判断。美国心理学家贝姆的自我知觉理论认为:在内部线索微弱或模糊的情况下,人们常常依据外在行为来推断自己的特征,如性格、态度、品质和爱好等。例如,当学生参加公益事业时,学生认为自己是一个高尚的人;但在大多数情况下,人们常常依据内部线索了解自己,如通过想法、情绪来了解自己,而且比外显行为更准确,因为外显行为易受外在压力的影响,更易伪装。

个体的行为既具有外显性更有内倾性,因而依据自己行为进行判断为自我的确立提供了可靠的依据。

4.社会比较。费斯廷格提出的著名的社会比较理论认为:人们非常想准确地认识自我、评估自我,为此,在缺乏明确标准时人们常常和自己相似的人做比较。

学生正处于人生重要的发展时期,他的人生目标、职业理想、生活态度等都在形成之中,社会比较为大学生提供了认识自我、了解自我和发展自我的重要标尺。社会比较也是每个个体认识自我不可或缺的方面。没有社会比较就没有自我的进一步优化。当然,自我比较并不总是向着积极的方向,自我比较又分为向上比较、向下比较与相似比较。当个体的目的与动机不同时,采用的社会比较策略也不相同。例如,自我保护与自我美化的动机促使学生与那些不如自己走运、成功和幸福的人相比;而自我成功动机强的人更倾向于向上比较,向着那些比自己成功的人比较,促使自己更加成功。

第二节 学习心理的主要机制

联合国教科文组织在《学习——内在的财富》一书中指出,学会求知、学会做事、学会共处、学会做人是21世纪教育的四大支柱。自生命诞生起,个体就开始了自己的学习生涯。学习对每个人来讲都是不可或缺的。但什么是学习?我们从学习中获得了什么?学习是一件烦恼不断还是趣味横生的事情?大学生应该具备怎样的学习态度及如何开展学习活动呢?

一、学习的心理机制与大学生特点

(一)学习概述

1.学习的含义。学习有广义与狭义之分。广义的学习是指人与动物因为经验或练习而使行为或行为潜能发生持久变化的过程。学习的概念主要有三点:第一,学习是以行为或行为潜能的变化为标志的。通过学习,有机体出现某些方面的变化,从不知到知,从不会到会。学习既可以是知识、技能、能力的获得,也可以是兴趣、信念、价值观的确立,还可以是情感、态度和人格的形成。行为的变化有时是外显的,有时是内隐的,后者即"行为潜能"的变化;第二,学习引起的行为变化是较为持久的。无论是外显行为,还是内隐行为,都必须是较为持久的行为,尽管这种行为变化具有遗忘的可能。否则,不可以称之为学习;第三,行为变化是由于经验或练习的原因导致的。因为行为变化可以是经验或练习之外的其他因素导致,生理成熟或衰老都可以使行为发生较为持久的变化,如发育使青春期少年的嗓音长期改变。因为它与经验或练习无关,所以不能称为学习。此外,疲劳、疾病、药物和伤害等虽然可以导致有机体较为持久的行为改变,但也都不能称为学习。

狭义的学习是指,人类的学习是以语言为中介,有目的地、自觉地掌握社会历史经验的过程。学生的学习是人类学习的一种特殊形式,通常指学生在校的学习,即在教师指导下,有目的、有计划、有组织地掌握前人所积累的科学文化知识,不断地、全面地提升自己素质的过程。在教师"晓之以理,动之以情,炼之以意,导之以行"("晓动炼导")的教育活动引导下,通过"博学之,审问之,慎思之,笃行之"("学问思行")的学习活动,以实现学生身心和谐发展。

2.学习的意义。

(1)学习的生物学意义:学习是有机体适应环境与环境保持平衡的条件与手段。在一定意义上,学习是生命的存在方式,因为具有高度组织形式的生命往往离不开学习活动。人与动物的行为有两类,一类是本能行为,一类是习得行为。本能行为是通过遗传获得的种族经验,与生俱来,不学而会;习得行为是个体在后天适应环境的过程中通过学习而获得的。

(2)学习的社会学意义:人不仅是生物个体,还是社会个体,人的这种特性决定了学习的社会学意义。个体只有通过学习才能逐步完成从生物性个体向社会性个体的转换，才能实现生物性与社会性的有机结合。生物性的人才能逐渐进入社会并适应社会，成为社会的人。

(3)学习的心理学意义：人除了具有生物性、社会性之外还具有精神性。人对真理的探索、对幸福的追求、对自由的向往以及放飞理想、恪守信念等都反映出人的精神追求。人的"形上"追求直接决定了学习的精神内涵，而且学习的精神内涵标志着学习活动的品位与境界。学习是个体寻找自己、升华精神、完满人性、构筑精神家园的必由之路。

学习是人类适应环境的活动，也是人类自我提升的活动；学习不仅仅限于书本知识的学习和课堂上教师的讲授，学习涉及人类生存与发展的一切领域。学习是人类进步的阶梯，是个体实现身心全面发展的杠杆。"为天地立心，为生民立命，为往圣继绝学，为万世开太平"的学习目标，"观古今于须臾，抚四海于一瞬""精骛八极，心游万仞"的学习理念，以及"读万卷书，行万里路"的学习态度，一定会实现"究天人之际，通古今之变，成一家之言"的学习效果。

3.学习的分类。学习现象非常复杂，有简单低级的学习形式也有高级复杂的学习活动，其特点与规律各有不同。因此，对学习进行分类是非常有必要的。心理学家在学习分类问题上也各不相同，以下介绍几种典型的学习分类。

(1)加涅的学习结果分类：加涅是20世纪美国著名的教育心理学家，是研究学习分类最突出的代表。[①]在1985年出版的《学习的条件与教学论》一书中，根据学习结果的不同，把学习分为5类。

①言语信息：即能用语言文字表达的信息，是关于事物"是什么""为什么"等方面的知识。比如，"北京是中国的首都""鲁迅是中国伟大的文学家"等。

②智慧技能：即运用语言和数字处理外界信息的能力，是关于"怎么办"方面的能力。比如，辨别、下定义和运用规则解决问题等。

③认知策略：即运用符号对内调控的能力。如果说"言语信息"是我们传统意义上的"知识"，"智慧技能"是我们传统意义上的"技能"的话，"认知策略"

①李攀. 加涅学习结果分类理论对成人学习的启示[J]. 河北大学成人教育学院学报,2010,12(3):29-30,33.

就是我们传统意义上的"策略"了;如果说"言语信息"是"知识","智慧技能"是对"知识"的操作的话,"认知策略"就是对"操作"的监控了;如果说"言语信息"是问题,"智慧技能"是"思考问题"的话,"认知策略"就是对"思考问题"的再思考,即"思考所思考的问题"了。

④动作技能:即习得的、平稳而流畅的、精确而适时的操作能力。打好羽毛球就需要良好的动作技能。

⑤态度:即习得的、影响个人行为选择的内部状态或倾向性。态度与知识、能力不同。能力决定人们能否顺利完成某种任务,解决的是"能不能""会不会"的问题,而态度则决定人们"愿不愿""爱不爱"的行为问题。比如,在公共汽车上给老人、小孩让座,这不是由能力决定的,而是由态度决定的。

在5种学习分类中,前3种属于认知领域,第4种属于动作领域,第5种则属于情感、意志领域。学习结果就是教学追求的目标,加涅倡议每一门学科的教学都应该按照5种学习结果分类来制定具体的教学目标。加涅学习结果分类理论得到了世界学术界的公认,他也从此成为学习分类研究方面的权威。

此外,他还根据学习层级的不同把学习分为信号学习、刺激反应学习、连锁学习、言语联结学习、辨别学习、概念学习、规则学习与解决问题学习8种学习类型,不过,学习层级的分类远不及学习结果分类影响深远。

(2)奥苏伯尔学习分类:美国著名教育心理学家奥苏伯尔根据学习进行的方式,把学习分为接受学习与发现学习;根据学习材料与原有知识的关系,把学习分为意义学习与机械学习。

①接受学习与发现学习:接受学习是指学生通过教师的讲授接受现成的结论,而发现学习则是学生独立探索得出的结论。接受学习主要用于"继承",而发现学习主要用于"创造"。如果"两个凡是"属于接受学习,那么"一国两制"则属于发现学习。两种学习对于大学生而言,都不可或缺,但对于以接受学习为主的大学生来讲,开展发现学习尤为重要。奥苏伯尔认为,学生的课堂知识学习应该以接受学习为主,辅之以发现学习。接受学习和发现学习的交替使用与相互融合,是人类认识活动的螺旋上升过程。

②意义学习与机械学习:意义学习是指利用原有知识经验进行新的学习、

理解新信息,而机械学习则是指学习者没有理解新学习材料的意义,新学习材料无法与原有认知结构中的有关观念联系起来,只能形成文字符号的表面联系。奥苏伯尔认为,学生课堂知识的学习应该以意义学习为主,辅之以机械学习。

③其他学习分类:此外,美国心理学家、教育家布卢姆把学习分为认知学习、情感学习与动作技能学习。我国心理学泰斗潘菽把学习分为知识学习、动作技能学习、智慧技能学习与社会行为规范的学习。

学习的分类是多种多样的,分类标准不同分类结果也就不同。只要对学习的理论研究与实践指导具有帮助作用,任何学习的分类都是可取的。诸如,主动学习与被动学习、工具学习与本体学习、个人学习与合作学习、底线学习与超越学习等,这都是引人思考并值得借鉴的。

(二)学习的心理机制

学习的心理机制是学习者进行学习活动的内在原因,即进行学习活动的内在因素有哪些,这些因素的关系又是什么,及它们之间是如何相互作用的,等等。学习内在因素主要包括动力系统、操作系统、监控系统与习得系统四个方面。学习动力系统主要指学习理想、学习动机、学习兴趣等;操作系统主要指学习者的记忆和思维等;监控系统主要指学习者的学习计划、学习策略与学习反馈等;学习习得系统是学习者获得的知识结构、认知结构等。

学习的心理机制主要有两种模型,即行为主义学习模型与认知主义学习模型。行为主义学习模型以巴甫洛夫、桑代克、华生、斯金纳等为主要代表,认为学习即条件反射,或是刺激与反应联结的结果,学习过程是不断尝试并由错误走向成功的过程,强调准备、练习与强化等因素在学习中的地位与作用。认知主义学习模型以布鲁纳、奥苏伯尔等为代表,认为学习本质上是知识结构、认知结构的形成与获得,学习过程是学习者不断理解、获得顿悟,强调新旧知识间相互作用。

鉴于上述,学习活动与学习者内在的动力系统、操作系统、监控系统及习得系统密切相关也是四种系统协同作用的结果。"练习、练习、再练习""题海战术"是行为主义学习流派所青睐的学习方法,而"思考、思考、再思考""一题多解"则是认知主义学习流派所倡导的学习策略。两种学习流派都揭示了学习的一些内在秘密,但也都有所欠缺。而今,两种学习流派告别了当初相互攻击、彼此诘难的状态,走上相互学习、彼此借鉴的道路,是可喜的,也是必然的。

眼下,我国也有学者认为学习包括认知学习、道德学习、审美学习与身体学习。认知学习主要解决知识与智力(知与智)、经验与理论("一"与"多"),道德学习主要解决道德与品德(礼与仁)、功利与道义(利与义),审美学习主要解决美与美感(镜与灯)、形象与神韵(形与神)等方面的问题。这些观念的背后也是对学习心理机制的一种诠释。至于对生存学习、交往学习与超越学习的界定,陈述性知识学习(辞典)、程序性知识学习(巧匠)与策略性知识学习(智者)的区分,也可以理解为一种学习心理机制的阐述。

(三)大学生学习特点

大学生学习特点,除了与大学生身心发展特点有关之外,也与高校教育的性质及教学目标有很大的关联。大学生学习有如下特点。

1. 自主性与超越性。大学学习强调大学生在整个学习过程中的主体地位。大学生要对自己的学习负责,要有明确的学习目的、自觉的学习意识、主动的学习态度,充分发挥自己的主观能动性,实现自己的学习目标。中小学生在很多情况下是作为被教育者而存在的,在学习活动中只需要在书上"画上横线""记下笔记"即可,而高校教育要求大学生以学习主体出现,真正做学习的主人,通过"学问思行",积极主动实现身心和谐发展。大学教育无论在学习内容、学习环境还是学习时间、学习途径上,都为大学生自主学习提供了良好条件。

大学生学习的超越性是指大学生学习不仅仅具有功利的考虑,还应该具有超功利的追求;不仅仅为"稻粱谋",还应该有"主义求";不仅仅为了满足大学生生理的、物质的需要,还应该满足大学生心理的、精神的需要;不仅仅是大学生达成人生目的、生活追求的手段,还应该成为大学生的生活乐趣与人生幸福。"书中自有颜如玉,书中自有千钟粟",是对学习功利追求的折射;"学而时习之,不亦说乎"是学习超越性的体现。当大学学习旨在陶冶大学生性情品质、深化精神境界时,当大学学习旨在帮助大学生寻找自我、引导他们"诗意栖居"时,大学学习的超越性就得到了淋漓尽致的体现。

2.实践性与探究性。大学生学习必须与社会实践活动紧密相连。大学生学习不只限于书本知识学习,也不仅仅限于课堂教师讲授,大学学习必须与社会实践活动紧密相连,以便学以致用,用以促学。[1]"躲进小楼成一统,管他东南西北中"的"象牙塔"学习,越来越不适应现代大学的学习潮流。服务社会是高校三大社会职能之一。为地方经济社会发展服务、培养地方经济社会发展所需人才是社会赋予高校的基本职能。此外,大学生学习的专业知识、专业技能也只有在服务社会过程中才能真正得以检验和发挥作用。因此,告别"纸上谈兵"的逻辑推论,打破"盆中游泳"的练习方式,鼓励大学生走出校门,走进社会,引导他们开展丰富多彩的社会实践活动,不做"书呆子",而做实践能手与生活强者。

较之于中小学学习而言,大学生学习还具有探究性的特点。原因有二:其一,大学生身心获得了长足发展,较之中小学生,身心发展更为成熟,特别是抽象逻辑思维及自我意识的发展,这为大学生探究性学习的开展提供了坚实的基础;其二,中小学生学习在很大程度上都是接受学习,而发现学习、探究学习还相对薄弱。但高校的科学研究职能主张高校引导大学生进行探究学习,开展科学研究,以解决人类在社会生活中的重大问题,这就为大学生开展探究学习奠定了基础。倡导实践、推崇实验、学术研究、科学攻关是大学生探究学习的基本途径。如"世界机器人大赛"和"世界奥林匹克机器人大赛"。可见,大学生的探究学习承载着国家和民族的希望与未来。只有提高大学生的探究学习能力,他们才会很好地面对未来未知的问题。一旦新的问题来临也不至于胆战心惊而一筹莫展。

3.专业性与全面性。中小学教育内容主要强调基础性,中小学生的主要学习任务是学习一般学科的基础知识与基本技能。而高等教育的任务是为社会培养各类高级专门人才。因此,高校的课程体系设置与中小学明显不同,具有明显的专业指向性。不同专业的课程设置、教学内容和培养目标存在较大差异。虽然学习中也会涉及许多与专业关系不甚密切的课程,如面向所有学

[1]董俊斌. 组织大学生社会实践活动的几点思考[J]. 出国与就业:就业教育,2011(18):2.

生开设的公共课程、通识课程,但专业课程终究是每个专业学生的主攻领域,接受专业学习的大学生必须在自己的专业领域具备较为扎实的专业知识与专业技能,展示一定水平的专业素质与专业才华。

大学生学习的全面性是指大学生的学习活动不仅应该包括认知学习活动、道德学习活动、审美学习活动与身体学习活动等,而且大学生学习活动旨在促进大学生身心和谐全面发展。"又红又专""德才兼备""身心和谐""德智体美""文质彬彬"等是对大学生全面发展的描述。大学生身心全面发展,要求高校开展全面发展的教育,即德育、智育、体育与美育等,不仅有课堂教学,而且还有丰富多彩的课外文体活动,以及校外的社会调查、社会实践等。在丰富多彩的校园社团活动中,在勤工俭学的社会实践活动中,学生的专业知识、专业技能得以巩固、运用的同时,大学生的品德、情操及体魄也会得到全面的发展。

二、有效学习与大学生潜能开发

大学生该如何进行学习?如何使自己的学习变得有效及大学生如何通过有效学习来全面开发自己的潜能?

(一)大学生有效学习

之前讲过,学习过程大体包括操作系统、监控系统、动机系统与习得系统。因此,衡量有效学习主要有三个方面的变量,即学习策略、学习动机与学习结果。也可以说,这三个变量决定了学习的有效性。学习策略通常是指"会学",学习动机是"想学",而学习结果就是人们所说的"学会"了。要使学习变得有效,人们常常以为有良好的学习策略与强烈的学习动机就够了,往往忽视学习结果在有效学习中的作用。其实,学习结果也是影响人们学习的一个重要因素。比如,一个学习者所获得的知识结构、认知结构如果不具备一定的包容性、可分辨性及稳定性,那么,学习之间就很难产生积极的正面迁移,学习有效性就难以得到保障,见微知著、触类旁通的学习情景就无法实现。学习结果的好与坏也左右着学习者的学习活动。如《教育心理学》中学习迁移的相关理论就是为了研究并阐述这方面的问题。因此,若想大学生学习变得有效,就必须从大学生的学习策略、学习动机及学习结果三个方面来加以考虑。

1.大学生学习策略。大学生学习策略是大学生提高学习效果的一切方式方法。大学生学习策略主要包括两个方面：一是要求大学生建立正确的学习观；二是要求大学生运用有效的学习策略。大学生学习策略为大学生有效学习提供智力支持。

（1）树立正确的学习观念：大学生学习观是大学生对学习的基本观点与看法，是大学生进行学习活动的指导思想。大学生正确的学习观包括以下几点。

①自主学习观：自主学习是一种主动的、自觉的、积极的学习，而不是一种被动的、自发的、消极的学习。学习者根据自身情况确定学习目标、学习内容、学习方法，在自我计划、自我监控、自我调节的过程中完成学习活动，实现自己身心的发展。学习者成为学习的真正主人。中国古老的启发式教学思想与古希腊苏格拉底的"产婆术"是自主学习思想的历史经典。大学学习与中学学习是有较大差异的，大学学习更加要求大学生在学习活动中发挥自主性。自主学习观是大学生进行大学学习的前提。

②创新学习观：创新学习是一种在继承、接受的基础上有所创新、有所发现的学习。美国学者奥苏伯尔把学习分为接受学习（下位学习）与发现学习（上位学习），接受学习旨在接受、继承，发现学习旨在发现、创新。大学生在大学学习期间很大程度上进行的是接受学习，掌握人类已有的认识成果与文化精髓，以传承文明，实现自身的社会化。但是，开展发现学习、建立创新学习观对大学生而言也意义重大。因为人类在以后的发展过程中会遇到各种各样的困难与挑战，例如只是一味去熟读、记诵乃至运用《本草纲目》上的处方，如何应对现代医学上的一个又一个难题？所以创新学习观要求大学生在学习中进行创新思维，培育创新人格，开展创造性学习。

③终身学习观：终身学习的教育思想是在20世纪60年代至20世纪70年代形成的，终身学习的定义则是在1994年首届世界终身学习会议上提出的。认为学习不是单纯接受学校教育，也不是少数人被动地阶段性学习，而是所有人主动地、贯穿终身地学习，学习应该成为所有人终身的行为习惯和自觉行动。大学生要意识到终身学习不仅是个人生存发展的手段，更是通向事业成功的桥梁。我国古代思想家、教育家孔子的"吾十有五志于学，三十而立，四十而不惑，五十而知天命，六十而耳顺，七十而随心所欲不逾矩"，以及毛泽东同

志的"活到老,学到老"等,都是终身学习思想的体现。终身学习观要求大学生将学习视为一辈子的事情,学习既是一种生活习惯,也是一种生活态度,更是一种生活幸福。

4)全面学习观:全面学习是指大学生学习不仅仅是认知方面的学习,而且还包括道德学习、审美学习与身体学习等诸多方面的学习。只有开展全面学习才能实现大学生身心全面发展。如果只是偏重大学生认知方面的学习,就很容易导致大学生出现"有知识没能力、有能力没人格、有人格没心灵"的局面。因此,全面学习观要求大学生把书本与社会、动手与动脑、课堂与课外、认知与情意、身体与心理、做事与为人、功利与情趣、生存与生活等方面结合起来,全面学习,和谐发展。

(2)运用有效的学习策略:大学生学习策略是指提高学习效果的一切方式方法。根据美国学者迈克尔等人的看法,学习策略一般包括认知策略、元认知策略与资源管理策略等。认知策略是信息加工的策略,包括复述策略(重复、抄写、记录和画线等)、精加工策略(想象、口述、总结、笔记、类比和答疑等)和组织策略(选择重点和列提纲等)。元认知策略是对信息加工过程进行调控的策略,包括计划策略(设置目标、浏览设疑等)、监视策略(自我测查、集中注意和监视领会等)和调节策略(调整速度、更新方式等)。资源管理策略则是学生管理可用的环境和资源的策略,包括时间管理(建立时间表)、学习环境管理(选择学习地方)、努力管理(调整心态、选择坚持和保持动力等)及获得他人支持(教师扶持、同学帮助和小组合作等)。三种学习策略的划分对于大学生学习具有非常大的指导意义。大学生提高学习效果除了运用好资源管理策略之外还要掌握有效的认知策略,学会思考、学会对信息进行处理;还要掌握元认知策略,对思考及信息处理过程进行再思考。思考、思考、再思考是大学生掌握学习策略和提高学习效果的核心。从知识到认知、从认知(策略)到元认知(策略)是一种"螳螂捕蝉,黄雀在后"的无限后退过程,在这种过程中大学生的聪明才智会不断提高。

2.大学生学习动机。大学生有效学习除了树立正确学习观、运用有效学习策略之外还必须具备强烈的学习动机。学习动机是推动大学生进行学习活动的内驱力。学习动机由内在的学习需要与外在的学习诱因构成。大学生学习动机是大学生开展学习活动的动力系统,为大学生有效学习提供动力保障。

美国学者奥苏伯尔把学校情境中学生学习的动机归为三种,即认知内驱力、自我提高内驱力与附属内驱力。认知内驱力是指了解事物奥秘、满足内心好奇的一种需要;自我提高内驱力是指学生通过学习提高自己、获得成就、赢得尊重的一种需要;附属内驱力是指融入社会、扮演角色、获得认可的一种需要。学校情境中学生的三种内驱力,主要解决学生与自然、与自己、与社会等方面的问题。

学习活动肯定与学习者学习动机有着密切的关系。心理学关于学习动机的理论主要有成就动机理论、归因理论、自我效能感理论与强化理论等。成就动机理论、归因理论及自我效能感理论揭示的是学习活动与学习者内在的认知、意志与情感的关系,也就是说,学习活动源于学习者内在的"知情意",无论是学习者的认知、意志与情感都可以成为学习活动的内在原因。学习行为诉诸学习心理,学习心理体现在学习者的"知情意"上。学习行为可以归于学习者内在的看法、信念,归因理论如是说;也可以归于内在的追求与目标,成就动机理论如是说;还可以归于内在的喜爱与乐趣,自我效能感理论如是说。至于强化理论则是强调学习者的学习行为源于外在的强化因素。学习者的学习行为既源于内在心理因素,也源于外在的环境因素,强化理论正是看到了这一点。比如,现实生活中不乏为了博得妈妈的笑容或教师的欣赏而学习的学生。

虽然学习动机不是学习活动的必要条件,但学习动机一定是有效学习的必要条件。尽管影响有效学习的因素是多种多样的,但学习动机对有效学习的影响是不可忽视的。因此,大学生学习动机的培养与激发是应该受到重视的一个问题。如何培养与激发大学生学习动机呢? 这里只简洁地说两点。首先,必须树立人生理想、制定学习目标。理想和目标既是学习的结果也是学习的动力。周恩来同志在青年时期确立的"为中华崛起而读书"的宏伟理想使他成为"人民敬爱的周总理"。理想和目标是学习乃至人生的动力。因此,树立人生理想、制定学习目标是学习的动力源泉;其次,让大学生在学习中获得成功,感受因学习而获得的自我效能感是大学生学习动机培养与激发的关键。

通过学习取得成功、收获自信、感受喜悦是大学生热爱学习的不二法门。在学习中只有学得好才会喜欢学习,才会孜孜以求、乐此不疲地学习。"跳蚤实验"告诉我们,如果跳了无数次,无数次都以失败而告终,那么肯定会自暴自弃。反之,如果收获的是成功,感受的是自信,那么人们会乐此不疲地去坚持。在学习中收获自我效能感是大学生热爱学习的心理秘诀。

3.大学生学习结果。大学生学习与学习策略、学习动机存在着密切的关系,也与大学生学习结果有一定的关系。因为任何学习都是在已有的知识、技能、能力、兴趣、习惯等基础之上进行的。因此,已有学习结果的好与坏会影响学习的效果。在知识学习过程中,奥苏伯尔的同化论表明,学习过程是新旧知识相互作用、不断同化的过程,为了促进新旧知识的同化,已有的认知结构必须具备3个方面的变量,即包容性、可分辨性与稳定性。包容性高、可分辨性强、稳定性好的认知结构有利于新旧知识之间的相互同化以及正迁移的发生。这3个变量就是对已有认知结构,也就是学习结果的一种界定,可见,学习结果的好与坏对学习活动而言会产生一定的影响。

学习结果对于学习的影响主要体现在学习迁移理论的研究上。传统的迁移理论有形式训练说、共同要素说及概括化理论等,现代迁移理论主要有奥苏伯尔的认知结构迁移理论以及安德森产生式迁移理论。特别是奥苏伯尔的认知结构迁移理论及认知结构的3个变量对于大学生知识方面的学习无疑具有巨大的指导意义。学习迁移研究在知识学习、技能形成及能力培养上取得了一定的成果,但在道德学习、审美学习等方面其研究还相当薄弱,有待于进一步研究。

(二)大学生潜能开发

大学生学习旨在全面提高大学生身心素质、开发大学生内在潜能、促进大学生身心和谐发展。对于大学生的"素质""潜能""发展",人们习惯于用"德才兼备""身心和谐"等加以描述,也有用"气韵生动""诗意栖居"等进行界定,这都未尝不可。如果代之以"四商"(智商、德商、情商与体商)进行衡量也不失为一种不错的视角。

"四商"的提出有它的逻辑本原。人都有身心两个方面,于是就有"体商"

和"心商"的区分。"体商"用来描述身体素质,"心商"用来描述心理品质。因为人有认知、情感和意志三种基本心理过程,于是,分别用"智商""情商"和"德商"来描述、衡量人的认知、情感与意志方面的品质。与此对应,学校教育形态便是"四育",分别是智育、美育、德育与体育。由此,教育过程就可以看成是教师对学生"晓之以理,动之以情,炼之以意,导之以行"的过程,教学过程是师生实现"共识""共鸣""共志"与"共建"的过程,而大学生学习过程则是开发智力、涵养情感、培育人格与增进健康的过程,也是大学生追求智慧、自由、幸福和健康的过程。

1.智商及智力开发。认知活动过程主要是指人们的感知、记忆、思维、想象等,主要用来反映客观事物的本质和规律,并为解决现实生活中出现的问题提供思路与策略。智商是描述人们认知活动过程品质的一个概念。智商概念出现于19世纪末20世纪初的西方,有比纳的比率智商概念,还有韦克斯勒的离差智商概念。智力是指人们在认知活动中体现出的一种特殊能力,而智商是用来衡量智力高下的一个范畴。

那么什么是智力呢?我国在20世纪80年代至90年代认为智力是指一个人的观察力、注意力、记忆力、思维力与想象力的综合,其核心是思维能力。现在人们比较倾向认为智力是人们处理抽象概念、进行学习及适应环境等方面的能力。也有人认为智力偏重于指人们认知方面的一种特殊能力。可见,智力的定义还是不够统一、不够清晰。

国外心理学界有关智力的理论也是多种多样的。主要有吉尔福特的三维结构智力理论、加德纳的多元智力理论、斯腾博格的三元智力理论及帕金斯的真智力理论。吉尔福特三维结构智力理论认为智力因素由操作、内容和产品三个变项构成。操作变项由评价、聚合、发散、记忆与认知组成,内容变项由图形、符号、语义与行为组成,而产品变项则由单位、类别、关系、系统、转换与应用组成,共计5×4×6=120种智力。加德纳的多元智力理论认为人类有七种不同的智力,即言语智力、逻辑数理智力、空间智力、音乐智力、身体运动智力、社交智力与自我认识智力等。斯腾博格的三元智力理论包括情境亚理论、经验亚理论与成分亚理论。情境亚理论阐明社会文化环境决定智力的观点,经验亚理论阐明经验与智力之间的关系,而成分亚理论是对智力活动内部机制的探讨、是三元智力理论的核心。成分结构中又包括元成分、操作成分与获得成分,这些与吉尔福特的三维结构智力理论有些相似。帕金斯真智力理论认为智力有三个方面,即神经的、经验的与反省的。从这些智力理论可以看出,智力与个体的内在心理活动机制有较大关联,就像吉尔福特的"三维"、斯腾博格的"元成分",以及帕金斯的"反思"。

智力是人的认知方面的一种能力,也是一个人聪明与否的体现。智商主要体现在对知识的理解、运用,以及知识创新、问题解决等方面。如何开发大学生智力,提高智商呢? 首先,转知成智。转知成智涉及3个方面:①学习知识,大学生必须博览群书,兼容并包,掌握丰富科学文化知识和精深的专业知识;②学会思考,"知识是经过证实的真的信念"表明,知识既是对客观事物本质与规律的反映,也是逻辑化、情感化的一种认知方式,大学生通过学习知识不仅认识了客观事物的本质与规律,还学会了如何去认识客观世界,由"鱼"到"渔",由"学会"到"会学";③善于反思,学习知识不仅要学会思考,还要学会反思,如果知识是"信息",思考是"处理信息",那么反思就是"对处理信息的监控过程"。当代西方心理学对陈述性知识、程序性知识及策略性知识的划分,以及对知识、认知与元认知的界定,还有我们日常生活中知识、技能与策略的说法,都异曲同工地闪烁着智慧的光芒。

其次,由"多"到"一"。由"多"到"一"即由具体到抽象、由经验到理论的归纳过程,也是探索发现的创新过程。大学生在学习过程中学会把抽象理论运用到具体实践活动中的同时也要学会在具体的问题情境中,大胆探索、独立思考,创造性地提出假设、验证假设,最终解决问题。理解知识,运用原理,由"一"到"多"是开发大学生智力、提高智商的途径,而面对问题情境,通过提出假设、验证假设与获得结论的探索过程,最终创造性地解决问题,则是大学生智力开发、智商提高的最有效途径。

2.情商及情感涵养。情绪情感是客观事物是否符合人的内在需要的一种体验。情商是描述人们情绪情感品质的一个范畴。情商又称情绪智商或情感智商。美国耶鲁大学的彼得·萨洛维教授与新罕布什尔大学的约翰·梅耶教授在1990年正式提出情商概念。1995年,美国《纽约时报》专栏作家戈尔曼出版了《情绪智力》一书。一时间,情绪智力(情商)便广为传播,为大家所熟悉。

戈尔曼认为,情商主要包括了解自我情绪(自知)、自我管理情绪(自控)、自我激励情绪(热情、坚持)以及识别他人情绪(共情)、处理人际关系(社交)五个方面的能力。中国人是通过戈尔曼的《情绪智力》来认识情商的,同时认为情商包括情绪认知、自我激励、情绪控制、人际沟通与挫折承受等方面。国外一般不把挫折承受看作情商的范畴,而在我国则视为情商的范畴。

如今,在国外情商已被纳入正式教育。美国的学校纷纷开设情商课程,与传统的数学、语言等课程相并列。哈佛商学院的素质教育实质上就是典型的情商训练。我国也非常重视对大学生情商的培养与提高。大多认为职业生涯发展初期,大学生因智商高被录用,因情商高而受到重用;智商主要用来做事,情商则用来为人;职业生涯的成功,20%源于智商,80%源于情商;等等。

情商涉及三个层面的内容:一是情绪情感的获得层面,即个体情绪情感方面的品质,诸如个体情绪情感在愉悦性、稳定性、丰富性与社会性等方面的品质;二是情绪情感的管理层面,即个体对自身情绪情感的认知、调适、激励等;三是情绪情感的价值层面,即个体通过情绪情感获得的生活体验与人生心得,进而形成的生活风格、人生境界。因此,情商除了个体情绪情感品质之外还包括对情绪情感的认知、管理与激励,再宽泛一点,还包括人际关系、挫折应对、风格形成、境界升华及"诗意栖居"的人生态度,等等。

如何涵养大学生情感,提高其情商呢? 鉴于以上分析提出以下三点。

首先,不断体验,陶冶情感。通过引导大学生开展情绪情感体验活动,陶冶他们良好的情绪情感品质。大学生情绪情感应具有愉悦性、稳定性、丰富性与社会性等特点。

其次,认知情绪,管理情绪。认知情绪包括了解自己与他人的情绪,一般而言,情绪的好坏与实现值和期望值之间的比值有关。比值大于1是积极乐观的情绪状态;比值小于1则是消极悲观的情绪状态。管理情绪是指通过压抑、宣泄、文饰、升华等心理防御机制来进行情绪管理。

最后,形成风格,升华境界。个体对情绪情感的管理源于自己内在的心理体验与人生感悟。没有对生活与人生的透彻感悟,没有形成科学的世界观、人生观与世界观,就无法对自己的情绪情感进行管理、调适与激励。因此,形成生活风格、升华精神境界,既是良好情商的体现也是提高情商的途径。一个人只有具备了独特、迷人的生活风格,辽远、大气的精神境界,才真正谈得上情商的高与低、雅与俗。在形成生活风格、升华精神的过程中实现一系列的转变与超越是尤为关键的,诸如由技入道,由"镜"到"灯",由"形"到"神",由"快感"到"美感",等等。

3.德商及品德培育。德商描述的是人们的意志过程。意志过程是人们为了实现一定的目标,不断调节自己的行动,并与克服困难相联系的一种心理过程。情商的提出是早于德商的。20世纪后期提出的情商概念,是相对于智商而提出的,广义的情商是用来衡量和评价人们非智力因素品质的一个概念。因为情商是相对于智商而提出的,所以情商的外延边界有些笼统、模糊,也就把后期研究而提出的德商包括在内了。有学者认为,德商的范畴应不同于情商。德商对应人们的意志过程,而情商是针对人们的情绪情感过程来讲的。两者既有联系也有区别,不能混为一谈。现在,我国教育理论界有人提出德商的说法,有学者表示赞同,因为德商与情商有相异的地方,这表明理论研究上的深入和发展。

如何培养大学生品德,提高其德商呢?

(1)培养爱心:引导大学生学会站在别人的角度去思考问题与处理问题,学会心理置换,学会关心帮助别人,服务他人,奉献社会,实现由"我"到"我们"的思想转换,从而富有爱心。"千里家书只为墙,让他三分又何妨。万里长城今犹在,不见当年秦始皇。"反映的不是对于邻居的怯懦畏惧,而是一种海涵谅解的精神操守。

(2)淬炼气节:引导大学生在追求功利的同时也追求超功利的精神品位。在满足物质需要、生理需要的基础上努力追求精神需要、心理需要。大学生也只有告别"金钱至上""权力为贵"的思想才会在纷纷扰扰的尘世生活中不向金钱低头、不为权贵折腰而卓有气节。齐白石大师的"乌纱白扇俨然官,不倒原来泥半团。将汝忽然来打破,通身何处有心肝。"的诗句表明,人是要有操守、有气节、有精神的。

(三)大学生学习审美化

大学生学习审美化就是大学生学习活动中澄明与敞亮的美学精神,"美"成为大学生学习活动的精神理念。中西方近现代美学都相当精辟地提炼与概括了美的本质与美学精神的实质。当今我国无论是实践美学还是生命美学都认为"美是自由的别名,美学精神即自由精神"。李泽厚的美是"自由的形式"、蒋孔阳的美是"自由的形象",以及高尔泰的美是"自由的象征"的观点就是这种美学思想的典型代表,即美的本质是"自由",美学精神是"自由精神"。至于自由是什么?美学上的自由来源于哲学上的自由。哲学上对自由的定义是很多的,但也达成了一定的共识:自由是在认识客观事物规律的基础上对客观世界进行的改造。可见,自由是对必然性的遵守与超越。如果只谈客观必然性不谈人的自由就会陷入宿命论;只谈人的自由不谈客观必然性就会陷入唯意志论。根据这一认识,我们把自由定义为"人类不断追求超越,走向完美的过程"。由此,大学生学习自由则是大学生在学习过程中不断追求超越,走向完美的过程。

大学生学习审美化的提出有如下几个方面的原因:首先,与大学生学习活动中"非美"现象的存在有关。被动学习、片面学习、工具学习使大学生学习活动中出现了诸多不尽人意的现象。要想克服这些现象,实现大学生学习审美化,对大学生学习活动进行审美改造,或许不失为诊治"非美"现象的一剂良药;其次,大学生学习审美化既可以是美学精神向大学生学习活动的渗透,也可以是大学生学习活动对美学精神的自主借鉴,还可能是大学生对自己学习活动的审美创造。这些都无形中内化于大学生学习生活中;最后,大学生都具有不断超越、追求完美、崇尚自由的"类"特性。不断超越、追求完美、崇尚自由的"类"特性为大学生学习审美化提供了可能性。

大学生学习审美化有四个方面的表现形式:大学生学习审美化既可以是一种学习存在,也可以是一种学习策略,还可以是一种学习理念,更可以是一种学习理想。当大学生的学习不仅仅是"会学""想学",而且还"学得好""学得会"的时候,大学生学习审美化就成了一种学习现实与学习存在。尽管理解、思考与练习、恪守可以成为大学生学习的方法与策略,但是当体验、感悟与审美、创美成为大学生学习的方法与策略的时候,大学生学习审美化就成了大学生的一种学习方法与策略。尽管"真""善"可以成为指导和衡量大学生学习活动的精神理念和内在尺度,但是当"美"成为指导和衡量大学生学习活动的精神理念和内在尺度的时候,大学生学习审美化就成了一种精神理念。大学生学习审美化是没有尽头的,宛若人们眼前的"地平线",永远是可望而不可即的。当大学生学习风格不断形成、学习境界不断升华而有更高追求的时候,大学生学习审美化就成了一种学习理想。大学生学习风格形成与学习境界升华是大学生追求学习理想过程中的"里程碑",也是大学生学习审美化的阶段性标志。

大学生学习审美化主要包括学习审美、学习美学观、学习智慧、学习幸福、学习自由、学习风格与学习境界等范畴,与自主学习、超越学习、全面学习、学习策略、学习动机等范畴"山水相依",与主体教育、素质教育、全面发展教育等教育思想"异曲同工"。大学生学习审美化的思想与主体教育、素质教育、全面发展教育有何不同? 其实,大学生学习审美化与上述教育思想是不相违背的,只是思想提出的视角不同罢了。主体教育与灌输教育相对、素质教育与应试教育相对、全面发展教育与片面发展教育相对,而大学生学习审美化则与大学生学习"非美化"相对。此外,大学生学习审美化对上述教育思想吸收借鉴的同时也丰富发展了上述教育思想。

如何实现大学生学习审美化呢?

1.引导大学生开展审美学习活动。审美学习活动是指在教师引导下大学生通过自己的情感体验与内在感受不断丰富情感、陶冶情操、净化心灵且提高自身审美素质、获得身心自由发展的过程,具有情感性、形象性与超越性等特点。审美学习活动是与认知学习活动、道德学习活动和身体学习活动相并列的一种学习活动。认知以求真,道德以向善,运动以促健,审美以爱美。如果说认知学习活动追求学习智慧,道德学习活动追求学习幸福,身体学习活动追求学习健康,那么审美学习活动则是追求学习自由。审美学习活动旨在陶冶大学生情感,进而形成大学生个性风貌并升华大学生精神境界,这是就审美学习活动对大学生身心发展而言所具有的独特价值,也是其他学习活动无法实现的。如果只有认知学习活动、道德学习活动和身体学习活动而没有审美学习活动，大学生的学习活动是不全面的。没有大学生的全面学习活动，大学生身心和谐全面发展就变得子虚乌有。因为大学生智商、德商和体商的提高并不能直接带来情商的提高。情商对于智商、德商和体商来讲具有自己的相对独立性。在"真""善"和"健"的精神理念和内在尺度已经入主大学生学习活动之后，让"美"也成为指导和衡量大学生学习活动的精神理念和内在尺度。在强调大学生认知学习活动、道德学习活动与身体学习活动的同时，加强大学生审美学习活动，使大学生学习不仅符合"真""善"和"健"的要求，而且还要符合"美"的要求；大学生学习不仅要令人求"真"、向"善"和促"健"，而且还要引人爱"美"；大学生学习需要思考、恪守和锻炼，也需要体会与感悟；大学生学习令人睿智、高尚和健康的同时也让人陶醉、欢乐。大学生审美学习活动的开展是大学生学习审美化的基本途径。

2.构建大学生学习的美学观。鉴于美的本质是自由，美学精神即自由精神，以美学精神为基础而构建的学习美学观，其精神实质无外乎是自由的美学精神。学习美学观的核心是倡导大学生学习自由。如果说自由是"人类不断追求超越走向完美的过程"，大学生学习自由就是大学生在学习活动中"不断追求超越走向完美的过程"。"不断超越"的过程主要体现在一系列的超越学习活动中。比如，"主体学习"对"填鸭学习"的超越、"全面学习"对"片面学习"的超越、"本体学习"对"工具学习"的超越、"终身学习"对"阶段学习"的超越，以及转知成智、由技入道、由利到义、由形到神，等等。此时，大学生认知学习活动不仅是学习知识、形成技能、提高能力和开发智力的过程，而且是启迪人生智慧的过程；道德学习活动不仅是恪守规范、养成人格和培养品德的过程，而且是追求生活幸福的过程；身体学习不仅是锻炼身体素质、提高运动技能的过程，而且是追求"更高、更快、更强"梦想的过程；大学生学习活动不仅仅是学习知识、掌握技能，也为了求职择业、养家糊口（"稻粱谋"），同时大学生格物致知，以求升华精神、"诗意栖居"。"走向完美"的过程主要体现在大学生身心和谐发展及与自己、社会、自然的和谐关系上。大学生学习自由是构建大学生学习美学观的核心，也是大学生学习审美化的核心。

三、大学生常见的学习心理障碍及调适

大学生出现学习心理障碍有如下几个方面的原因。

首先,从概率论角度讲,大学生出现学习心理障碍是或然的也是必然的。大学生学习状态无外乎"生而知之、学而知之、困而学之与困而不学",而"困而学之""困而不学"就属于学习心理障碍的范畴。

其次,大学生学习心理障碍还与大学生学习活动本身有一定关系。大学生学习活动中充满了竞争性,无论是奖学金的分配还是考研深造甚至求职择业,这都充满了惨烈的竞争。惨烈竞争意味着落榜与淘汰。这就要求大学生尽心尽力、心无旁骛地学习,不能三心二意。惨烈的竞争可能诱发大学生学习心理障碍的发生。

最后,大学生身心素质与学习方式也可以诱发大学生学习心理障碍的发生,如学习行为归因方式、学习抱负水平、学习策略运用等。大学生学习心理障碍主要有如下三种。

(一)学习倦怠

1.学习倦怠的表现。学习倦怠是指大学生缺乏学习动力、没有兴趣而产生的一种身心俱疲的状态。

(1)情绪低落:缺乏学习兴趣,没有学习热情,把学习看成一件苦差事。

(2)行为不当:旷课、迟到、早退,上课不用心听讲,对待学习敷衍了事,得过且过,根本不关心自己的学业成绩。

(3)低成就感:自我评价低,怀疑自己的能力,没有学习成就感。"分不在高,及格就行;学不在深,能抄则灵。斯是教室,唯吾闲情。小说传得快,杂志翻得勤。琢磨下象棋,寻思看电影。可以打瞌睡,写情书,无书声之乱耳,无复习之劳形。虽非跳舞场,堪比游乐厅。心里云:'混张文凭!'"一首打油诗,学习倦怠的情绪跃然纸上。

2.学习倦怠的原因。大学生学习倦怠的原因是多方面的,有社会、学校及家庭方面的原因,也有大学生个人方面的原因。大学生个人方面的原因主要有以下几点。

(1)没有目标:不少大学生进入大学后没有学习目标,仅仅把毕业作为自

己的学习目标,这样"脚踩西瓜皮,滑到哪里是哪里""我是一个随风而逝的蒲公英"的现象便随处可见。

(2)缺乏兴趣:不少学生进入大学前对自己所学专业知之甚少,进入大学后才知道自己所学专业与自己的特长、兴趣相差甚远。有些大学生的志愿甚至不是自己填的,一旦更换专业没法实现就只得索然寡味硬着头皮学下去。没有兴趣的学习只能是苦不堪言。

(3)消极归因:人们在做完一件工作后往往喜欢寻找自己或他人成功或失败的原因,这一心理过程就是归因。个体的归因会影响其未来活动的选择、坚持性和动机强度。归因又分为积极归因和消极归因。所谓积极归因是有利于未来活动选择、坚持与加强的归因,而消极归因则是不利于未来活动的选择、坚持与加强的归因。积极的归因与正向的情感体验、较高的期望、行为的加强相联系,而消极的归因则让人们情绪低落、期望值降低且行为减弱。把成功归因于自己能力高、把失败归因于自己努力不够,为积极归因;而把成功归因于运气好、把失败归因于自己能力不够,则属于消极归因。在失败面前,有的学生习惯归因于自己的运气不好或者题目太难,或者老师对自己有偏见,或者自己不擅长学某门功课等;而在成功面前,有的学生习惯归因于运气好、题目太简单等,这些归因都属于于事无补的消极归因。

(4)习得性无助:个体经历多次失败后会产生无助感;而经历多次成功则会产生成就感。当学生在学习活动中过多遭遇失败就会获得习得性无助。而习得性无助的获得是学习倦怠的深层心理原因。

应对学习倦怠,首先,应该建立学习理想、学习目标。学习理想、学习目标是大学生学习的动力源泉;其次,培养学习兴趣,兴趣是最好的老师,兴趣也是消解学习艰辛的润滑剂;再次,进行积极归因,建立积极归因模式;最后,让大学生在学习中获得成功的感觉,只有获得学习成功才能远离学习倦怠。

(二)学习无方

学习无方是指学习中缺乏方法意识,不会运用学习策略进行有效的学习。主要表现在以下几个方面。

1.缺乏有效计划。表现为没有学习计划也不会制订学习计划,学习只是被动应付作业和考试,没有学习主动性和自觉性。也有些学生尽管有一些学习打算,但不能把这些打算变成有效的学习计划,往往是计划赶不上变化,起不到任何作用。

2.不重视知识的深加工。表现为只是接受老师讲授的书本知识,死记硬背,不求甚解,知其然不知其所以然。缺乏对知识的深加工,没有真正弄懂知识也就不可能触类旁通了。

3.缺乏学习资源管理策略。主要表现为没有时间观念,不会有效利用时间来提高学习效率;也不会利用学校图书馆丰富的信息资源;至于学校开展的各种专题讲座、社会实践和为学生专设的科研基金项目等,不少大学生就更不懂得有效利用了。

主要从以下两点来应对学习无方:首先,树立学习策略意识。学习策略是提高学习效果的最为有效的途径。学习除了"苦学""苦干"之外还要注意"巧学""巧干";其次,训练并掌握认知策略、元认知策略及资源管理策略。

(三)学习焦虑

大学生学习焦虑主要表现为精神高度紧张、注意力涣散、记忆力下降、烦躁易怒、寝食难安等。学习焦虑可以分为情境性焦虑和特质性焦虑。情境性焦虑是特定情境中的一种暂时的、波动的情绪状态,考试焦虑是情境性焦虑最为突出的表现形式,即在临考前或考试时产生紧张、恐惧的情绪状态,有时会出现胃部等躯体不适状况,考试时注意力不集中,记忆力下降,严重的还会晕场。特质性焦虑是指相对持久的学习焦虑倾向,焦虑已经泛化到个体人格中并形成焦虑性人格。学习焦虑有以下几个原因。

1.动机过强。适当的焦虑是有利于学习的,但过度的学习焦虑反而会影响学习效果。学习焦虑就是太想获得学习成功了,越想获得学习成功就越担心学习出岔子。因此,学习动机过强时学习焦虑就越强烈;学习焦虑越强烈就越发影响学习效果。

2.准备不足。如果平时学习扎实认真,一步一个脚印,就会建立起学习自信,就不会有学习焦虑。只要功夫深,遇到什么样的考试或是挑战,都会成竹在胸、处变不惊、从容应对。如果平时学习不扎实,准备不充分,自然就会内心忐忑,焦虑缠身。

3.个性特点。学习焦虑还与个性特征有一定关系。缺乏自信、性格敏感、追求完美、过于内向、习惯拖沓的人容易产生焦虑。

学习焦虑的应对方法主要有以下几点:首先,调适期望值,改变心态。抱负水平降低,焦虑会随之减轻;其次,平时认真学习,一步一个脚印。"世上无难事,只怕有心人。"最后,培养良好的个性品质。培养自信、从容、豁达、外向的性格特点,化学习焦虑于无形。

第五章 大学生人际交往

第一节 人际交往概述

人是社会性动物,正如马克思所言:"人的本质并不是单个人所固有的抽象物,在其现实性上,它是一切社会关系的总和。"进入大学之后,大学生们面临着新的环境、新的群体,重新整合各种关系,处理好人际关系便成为他们新的生活内容。良好的人际关系不仅是评估大学生心理健康水平、社会适应能力的重要指标,也是奠定其今后事业良好发展与人生幸福的基石。

一、人际交往

(一)人际交往的含义

人际交往是指个体与个体或个体与群体之间通过一定的沟通方式进行接触和交流,并且在行为上和心理上产生相互作用、相互影响、相互适应的过程。个体通过口头语言、肢体语言等表达方式将信息传递给其他个体或群体,同时给予信息反馈的过程,即为人际交往。

(二)人际交往的重要意义

人是社会中的人,社会是人的社会,每一个人都不能够离开群体而单独生存。社会中的人一生有两项重要的活动,即社会生产和社会生活,而这两项活动都与人际交往分不开,所以人的一生几乎都是在与他人的交往中度过的。人际交往对于任何人都具有非常重要的意义,亚里士多德曾经说:"能独自生活的人不是野兽,就是上帝。"

人际交往具有沟通信息、交流思想感情的作用。正处于青年时期的大学生们思想活跃、精力充沛、爱好和兴趣广泛,渴望人际交往活动,渴望拥有良好的人际关系。人际交往是大学生活中重要的组成部分,是大学生人际活动的特殊产物。积极有效的人际交往、和谐良好的人际关系有助于大学生个性的形成和适应社会,有助于大学生形成良好和健康的品质,有助于大学生的全面发展。

1.人际交往是促进大学生身心健康的有效方式。大学生正处于青年时期,此时正是人生的黄金时代,在心理、生理方面逐步走向成熟,并且逐渐社会化。大学生人际交往的愿望较为强烈,希望能够通过人际交往获得友谊,满足自己的物质需要和精神需要。

2.人际交往可以促进大学生认识自我、完善自我。在人际交往中通过与其他人进行比较可以帮助大学生提高对自己和他人的认识。在交往中"以人为镜,可明得失"。大学生通过广泛的人际交往能促进自我发现、自我反省,"取人之长,补己之短",磨砺性格,砥砺品行,以完成对自我的认识。通过观察分析对方的言谈举止以认识对方。同时又在对方对自己的反应和评价中了解自己。

3.人际交往是大学生社会化进程的必要前提。人的社会化过程是一个漫长的不断发展的过程,人际交往是个人社会化的起点和必经之路。我们必须清楚地认识到,个体是在人际交往中不断成长、发展和成熟起来的,在此过程中我们要学习文化和生存技能,培养社会规范要求的各种素质,从而获得社会生活的资格。如果没有与其他人的交往,是无法完成这个过程的。

4.人际交往是大学生实现个性的全面发展的重要手段。人的个性除了受先天遗传因素影响外,更重要的是后天环境的影响。大学生的交往环境是个性形成、发展和完善的直接条件。心理学家研究发现,如果一个人能够长期生活在友好和睦的人际关系中就会性格开朗,在对待人和事物时乐观、积极、主动。相反,如果一个人长期缺乏与别人的积极交往,缺乏稳定而良好的人际关系,这个人往往就有明显的性格缺陷。

(三)人际交往与人际关系的联系

1.人际关系的基本含义。狭义的人际关系即心理关系,是指在人际交往的基础上为了满足某种需要,依据不同的交往程度在心里产生的情感体验和心理距离。广义的人际关系是指人与人之间的一切关系,如政治关系、经济关系、文化关系、血缘关系和心理关系等。

2.人际关系的种类。

(1)按其规模的大小和人数的多少可分为:个人与个人之间的关系;个人与群体的关系;个人与组织的关系。

(2)按人际关系的性质可分为:好的人际关系,即协调、友好、亲密;坏的人际关系,即不协调、紧张、对立。

(3)按人际关系需要可分为:容纳的需要,即交往、沟通、归属、参与,反之为孤立、退缩、疏远、排斥、忽视、对立;控制的需要,即影响、控制、支配、操纵他人,反之为拒绝权威、忽视支配、拒绝控制;感情的需要,即喜爱、亲密、同情、友好、热心、照顾,反之为冷淡、疏远、厌恶、憎恨。

3.人际交往与人际关系的联系。人际交往是建立人际关系的前提和基础,也就是说,如果想要建立人际关系必须通过人际交往才能实现。人际关系的发展与变化是人际交往的结果,交往的程度深浅与关系好坏成正比。反之,人际关系的好与坏又影响着交往的深度与广度,也就是说,人在人际交往过程中物质需要或精神需要能够得到满足的话就会产生喜欢、亲近的情绪,心理距离就会缩短。人际关系借助交往消除陌生感,并且与交往的频率有直接关系。通常,交往的频率越高,人际关系就越密切;交往的频率越低,人际关系就越平淡;当交往不存在时人际关系也会名存实亡。总之,人际交往是社会化的起点,人际关系是人们生存和发展的条件。

4.人际关系的发展阶段。奥尔特曼和泰勒认为,从交往由浅入深的角度来看,良好的人际关系的建立和发展一般需要经过定向、情感探索、感情交流和稳定交往四个阶段。

(1)定向阶段:定向阶段包含对交往对象的注意、抉择和初步沟通等多方面的心理活动。在熙熙攘攘的世界里我们并不会同任何一个人都建立良好的人际关系,而是对人际交往的对象有着高度的选择性。在通常情况下只有那些具有某种会激起我们兴趣的特征的人才会引起我们的特别注意。在一个团体中我们在人际关系方面会重点注意这些人。

注意也是选择,它本身反映着某种需要的倾向。比如,在我们选择恋人时某些与我们观念中理想的情人形象相接近的异性就尤其会吸引我们的注意。

与注意不同,抉择是理性的决策,而注意的选择是自发的、非理性的。我们究竟决定选择谁作为交往对象并与之保持良好的人际关系往往要经过理性的选择过程。只有那些在我们的价值观念上具有重要意义的人,我们才会将其选作交往和建立人际关系的对象。

初步沟通是我们在选定交往对象之后试图与这一对象建立某种联系的实际行动。目的是对别人有一个初步的了解,以便使自己知道是否可以与对方有更进一步的交往,从而使彼此之间的人际关系发展获得一个明确的定向。由于初步沟通实际上是试图建立更深刻关系的尝试,因此,尽管我们所暴露的有关自我的信息是最表面性的,但我们都希望在初步沟通过程中给对方留下良好的第一印象,以便使以后关系的发展获得一个积极的定向。

人际关系的定向阶段,其时间跨度因不同的情况而不同。避逅而相见恨晚的人定向阶段会在第一次见面时就完成。而对于可能会经常接触而彼此又都有较强的自我防卫倾向的人,这一阶段要经过长时间沟通才能完成。

(2)探索阶段:探索阶段的目的是彼此探索双方在哪些方面可以建立真实的情感联系,而不仅仅停留在一般的正式交往模式中。在这一阶段,随着双方共同情感领域的发现,双方的沟通也会越来越广泛,自我暴露的深度与广度也逐渐增加。但在这一阶段,人们的话题仍避免触及别人私密性的领域,自我暴露也不涉及自己根本的方面。尽管在这一阶段人们在双方关系上已开始有一定程度的情感卷入,但双方的交往模式仍与定向阶段相类似,具有很大的正式交往特征,彼此还仍然注意自己表现的规范性。

(3)交流阶段:人际关系发展到感情交流阶段,双方关系的性质开始出现实质性变化。此时,双方人际关系的安全感已经得到确立,因而谈话也开始广泛涉及自我的许多方面,并有较深的情感卷入。如果关系在这一阶段破裂将给人带来相当大的心理压力。在这一阶段,双方的表现已经超出正式交往的范围,正式交往模式的压力已经趋于消失。此时,人们会相互提供真实的评价性的反馈信息,彼此进行真诚的赞赏和批评。

（4）交往阶段：在交往阶段，人们心理上的兼容性会进一步增加，自我暴露的信息也更广泛深刻。此时，人们已经可以允许对方进入自己高度私密的个人领域，分享自己的生活空间和财产。但在实际生活中友谊关系能达到这一情感层次的人很少。许多人的关系并没有在第三阶段的基础上进一步发展，而是仅仅在第三阶段的同一水平上简单重复。

（四）人际交往中的心理效应

1.首因效应。"首因"也可以说是第一印象，一般指人们初次接触时各自对交往对象的直觉观察和归因判断。人际交往中首因效应对人们交往印象的形成起着决定性作用。

初次见面时对方的表情、体态、仪表、服装、谈吐、礼节等形成了人们对对方的第一印象。现实生活中首因效应作用下形成的第一印象常常左右着人们对他人的日后看法。因为第一印象一旦形成就不容易改变。初次印象是长期交往的基础，是取信于人的出发点。

因此，我们在人际交往中应该注意留给他人好的第一印象。首先，我们应该注重仪表，如衣着要整洁、服饰搭配要和谐得体等；其次，我们要注意自己的言谈举止，为此必须锻炼和提高言谈技能、掌握适当的社交礼仪。

2.近因效应。首因效应一般在交往双方还彼此生疏的阶段特别重要，而随着双方了解加深，近因效应就开始发挥作用了。近因效应是相对于首因效应而言的，是指交往过程中人们对他人最近、最新的认识占了主体地位，掩盖了以往的评价，也被称为"新颖效应"。比如，一个平凡的老邻居突然做了官你就会一扫感觉其平凡的印象，而刮目相看；回想多年不见的老朋友，在自己的脑海中印象最深的就是临别时的情景；一个朋友总让你生气，可是谈起生气的原因大概只能说上两三条；你的一个好朋友最近做了一件对不起你的事情，你提起他时就只记得他的坏处，完全忘了当初的好处……这一切都是近因效应的影响。

近因效应给了人们改变形象、弥补过错、重新来过的机会。例如，两个朋友因故"冷战"一段时间后，一方主动向对方表示好感或歉意，往往会出乎意料地博得对方的好感，化解恩怨。

3.晕轮效应。晕轮效应是指人们在评价他人的时候常常喜欢从某一点特征出发得出或好或坏的全部印象,就像光环一样,从一个中心点逐渐向外扩散成为一个越来越大的圆圈。因此有时也称光环效应。晕轮效应对人际交往有很大的影响。多数情况下,晕轮效应常使人犯"以偏概全""爱屋及乌"的错误,影响理性人际关系的确立。不过晕轮效应可以增加个体的吸引力而助其获得某种成功,这或许是其有利的一面。

为了防止晕轮效应的不利影响,我们要善于倾听和接受他人的意见,尽量避免感情用事,做到全面评价他人,理性和人交往。如果想利用晕轮效应有利的一面,我们在与人交往时就应采用先入为主的策略,全面展示自己的优点并掩饰缺点,尽量留给他人完美的印象。

4.刻板效应。人们在评价他人时往往喜欢把他看成是某一类人中的一员,而且很容易认为他具有这一类人所具有的共同特性,这就是刻板效应。比如,北方人常被认为性情豪爽、胆大正直;南方人常被认为聪明伶俐、随机应变;商人常被认为奸诈,所谓"无奸不商";教授常常被认为是白发苍苍、文质彬彬的老人。

刻板效应在人际关系交往中既有积极作用又有消极作用。积极作用在于它简化了人们的认识过程,因为当人们知道某类人的特征时就比较容易推断这类人中的个体的特征,尽管有时候有所偏颇;消极作用是它常使人以点带面、固执待人,使人产生认知上的错觉,如种族偏见、民族偏见、性别偏见等就是刻板效应消极作用的产物。

5.定势效应。定势效应也称为心理定势效应。心理定势是指人们在认知活动中用"老眼光"——已有的知识经验来看待当前事物的一种心理倾向。有这样一个故事:有一个农夫丢失了一把斧头,怀疑是邻居的儿子偷的。于是他观察邻居儿子的言谈举止,怎么看都像偷斧头的贼。后来农夫在深山里找到了丢失的斧头,再看邻居的儿子时怎么也不像一个贼了。这个农夫就是受到心理定势效应的影响。

在人际交往中定势效应常使人们对他人的认知固定化。比如,与老年人交往,人们往往会认为他们思想僵化、墨守成规、过时落伍;与年轻人交往又会认为他们"嘴上无毛,办事不牢";与男性交往往往会觉得他们粗手粗脚、大大咧咧;与女性交往,则会觉得她们柔柔弱弱、心细如针;与一向诚实的人交往我们会觉得他始终不会说谎;碰到圆滑过度的人,我们定会倍加小心。知道了定势效应的负面影响,我们就应该注意克制,看待别人要"与时俱进",要有"士别三日,当刮目相看"的意识。

6.投射效应。投射效应就是"以己论人",常常以为别人与自己具有同样的爱好、个性等,常常以为别人应该知道自己的所想所思。投射效应是一种严重的认知心理偏差,它是由怀疑心理引起的对别人人格的歪曲,当别人的想法或行为与我们不同时我们习惯用自己的标准去衡量别人,从而认为别人是错的。"以小人之心度君子之腹"就是投射效应的典型写照。

为了克服投射效应的消极作用,我们应该辩证地、一分为二地看待自己和他人,严于律己、客观待人,尽量避免以自己的标准去判断他人。

二、大学生人际交往特点及类型

(一)大学生人际交往的特点

大学生人际交往的特点是由大学生自身的条件和所处的环境决定的。就自身条件来说,大学生文化层次相对较高,正处于生理和心理日趋成熟的发展阶段,处于世界观、人生观和价值观的确立阶段;就所处环境来说,大学生学习、生活在高等学校,这是一个与社会既相对"隔离"又在本质上紧密联系,既传承人类的悠久文明,又涌动着创新思想的教学科研场所。这两方面的特殊性决定了大学生的人际交往具有以下鲜明的特点。

1.人际交往的迫切性。大学生随着知识的增长、心理的逐步成熟,成人感也日益增强,加之进入一个全新的人际环境,所以他们迫切希望别人了解自己,渴望得到他人的尊重和承认,也急于了解他人和社会,因此,大学生对于人际关系的建立抱有积极良好的愿望。

2.人际交往的平等性。大学生的交往对象主要是同龄人,人际关系主要是同学关系,是一种横向的关系,由于大学生个人阅历、社会经验、认知能力、思想观念都大致相同,因而不会像上下级之间、亲子之间那样形成服从和依赖的关系,比较容易产生平等的心理和意识,追求一种平等条件下的交往。

3.人际交往的理想性。大学生正处于爱幻想的年龄,由于心理尚未完全成熟,社会阅历有限,也由于家庭、社会及客观环境对人的限制,所以不可能全面接触社会,全面了解现实的"人",易于产生理想化的思维定势。因此大学生在交往的过程中往往先在自己的头脑中塑造好一个"模型",然后根据这个"模型"到现实中寻找知己,所以大学生的人际交往总流于理想性。

4.人际交往对象的易变性。大学生由于心理不完全成熟,情绪不稳定,做事较易冲动,加之生活的领域不断拓宽,因而在选择交往对象上就表现出明显的易变性。这种易变性与大学生人际交往的理想性相关,从而体现出其人际交往的不成熟,同时这种易变性也使大学生有可能在较短的时间内接触大量的新人新事,在人际交往的挫折中不断反省、提高。

5.异性交往的好奇和敏感性。大学生在生理发展上正处于青春期,由于性的成熟会很自然地在心理上产生与异性交往的渴望与兴趣。大学生与异性交往、建立友谊有益于生理健康和心理健康,丰富生活,加强团结,优化性格,也有助于学业的顺利完成。关键问题是要把握好交往的"度"。

6.人际交往的不成熟性。主要表现在以下两个方面:①行为上的不成熟,如交往技巧缺乏、交往过程庸俗化等;②心理上的不成熟,如过分关注自我需要和形象,或自卑,或自负等。据调查,26.7%的学生能正常与人交往,73.3%的大学生有不同情况的交往障碍,一般为两种,一种是技术障碍;另一种是心理障碍,主要表现为自卑、害羞等。

(二)大学生人际交往的类型

1.根据人际关系建立的动因分类。根据大学生人际关系建立的动因可将其划分为以下四种类型。

(1)血缘型:血缘型人际关系是大学生的一种天然人际关系,他们与父母、兄弟、姐妹、姑舅等亲属的关系均属于此类。

(2)地缘型:地缘型人际关系主要是指大学生因地域相同的缘故而结成的人际关系。最为常见的一种形式是同乡会,它在刚入学的新生中尤为突出。每当新学期伊始,大学里的同乡会就十分活跃,老生们忙忙碌碌地寻找新生同乡,往往在开学后几天就开始张贴海报,举行同乡聚会,所谓"三秦子弟""江淮儿女"等济济一堂。同乡会总能使新生们在异地感到乡情的温暖。

（3）业缘型：业缘型人际关系是指大学生以所学专业为纽带形成的人际关系。包括师生关系、同班同学关系、同系或同院同学关系、校友关系和同专业的校际同学关系等。同班同学关系是大学生业缘人际关系中最主要的关系，由于朝夕相处，他们不仅有认识上的深刻了解、情感上的深厚联系，也有业务上的合作与竞争，因此，这种关系大多都保持终生。对成年人来说，同事、同行关系都属于业缘关系。

（4）趣缘型：趣缘型人际关系是指大学生以兴趣为主而结成的人际关系。大学生对学业的共同追求、业余文体生活的共同爱好都能使相互之间志趣相投。从对政治的理解、对经济的看法，到对绘画、音乐、电影和体育等各种爱好的见解的相似性，都会使双方感到欣悦。尤其在事关切身利益的重要问题上态度相同，则更是如此。观点、意见和态度的趋同可以使交往双方进一步加深好感，相互欣赏对方，乐于与对方协调行为，进而倾心、深入地与其交往，使友谊加深。趣缘型人际关系专指业余兴趣形成的人际关系，像诗社、剧团、球类的各种团队，棋类、武术的各种协会等。同时，专业兴趣所促成的业缘人际关系也属此列。趣缘型的人际关系在大学生中是相当常见的交往类型。

2.根据人际交往的对象分类。根据大学生人际交往的对象不同来分类，可将其分为以下五种类型。

（1）与教师的交往：辅导员、班主任是和大学生接触最多的老师。他们与学生的关系平等，会像朋友一样与学生交流思想、促膝谈心，并参与班级组织的各项文体活动。

任课教师由于面对不同班级的学生，学生数量多且流动性大，一般情况下这些任课教师上课来、下课走，只在其授课时间与学生接触，切磋学问，探讨问题，接触机会相对较少，因而一般是单纯的教学关系。此外，大学生自主意识增强，对教师的授课质量有更高的希望和要求，经常会对教师的教学内容、方法、工作态度进行评价，更愿意与学术水平高、教学态度好的教师接触，由衷地敬佩甚至崇拜这些教师。

管理学生的行政人员、服务学生的学校职工等也是大学生经常要面对的人际交往对象,如宿舍、食堂、图书馆的管理人员等。与师生关系不同,这些交往的顺利进行必须建立在大学生自觉遵守相应的规章制度的基础上,否则大学生的行为就会受到批评和制约。

(2)与同学的交往:大学班集体由有着不同地方语言和生活习惯的大学生组成,同学间的交往情况发生了重要的变化。一方面,入学初期,大多数学生是从中学校园直接走进大学校园的,社会阅历浅、思想单纯,相互之间能够自然地产生纯朴的"同窗"情谊,形成友好的同学关系;另一方面,随着相互交往和了解的深入,不同的地域、家庭背景、个性特点、生活习惯,甚至不同的方言,都有可能成为继续交往的障碍,而大学生在学习、课余活动等方面的激烈竞争中,往往夹杂着利益冲突,容易对相互间的正常交往造成影响,有些人因此开始逃避与周围同学的交往。但是,大学生远离了家人的呵护,独立生活,许多人际交往不再是可有可无的,不再可以任性、随意,特别是同宿舍的同学,朝夕相处,低头不见抬头见,大家必须遵守共同的规则,必须学会彼此尊重、宽容、忍让,学会与性格、生活习惯不同的人友好共处,否则必然会感到孤独,感到同学间没有友情,使自己的大学生活备受煎熬。

在大学校园里很多新生都热衷于找老乡,与居住地相同或相近的学生进行交往成为大学生交往不可或缺的一个方面。共同的乡音俚语、饮食习惯很容易把不同专业、不同年级甚至不同学校的大学生们联系起来,大家一起交流大学生活经验,减轻心理震荡,获得情感共鸣,摆脱暂时的孤独和对家乡的思念。但只热衷于同乡间的交往是单调的,因为人际交往是复杂的,形式可以多种多样,唯此才能有利于自身的成长。因此,大学生需要与老乡交往,但不能局限于与老乡交往,否则就会造成一定程度的封闭,减少与其他人交流的机会。

(3)与父母的交往:大多数的大学生觉得自己长大了,会有意识地、积极地调整心态以适应新的环境。他们能体谅父母对自己思念的心情,因此他们会通过书信或电话及时、主动地向父母汇报自己的学习和生活等情况,和父母加强思想感情的交流。

有的同学因家境困难,很体谅父母的辛苦,进入大学就开始勤工俭学,经济上逐步独立,不仅减轻了家里的负担,甚至有时还给家里一定的帮助。他们让父母欣慰地感觉到孩子真的长大了、懂事了。有些平时对父母依赖性很强的学生会非常想家、想父母,天天打电话,而且经常抽空或逃课回家,甚至有的要退学回家。这类大学生像长不大的孩子,他们的情绪常常会影响父母,只能让父母牵肠挂肚,放心不下。比如,有的高校就出现了家长申请到校陪读的事例,或者在校外给孩子租房子雇保姆的事例。

也有少数学生则完全相反,他们自认为是"象牙塔"里的"天之骄子",随着知识的增加和父母越来越没有共同语言,因而不再经常与父母联系,更不用说进行感情沟通,只有缺钱了才想起父母。大学生究竟应该如何与自己的父母保持感情的沟通和联系,值得每一位同学认真思索。

(4)社会交往:在大学阶段对大学生的人际沟通能力有了更高的要求。就业压力日益增大的大学生们要想在激烈的竞争中脱颖而出、找到理想的工作,较强的社会交往能力是必不可少的条件。大学生扩大社会交往的方式多种多样,如加入学生社团,参加社会公益活动、勤工助学等积极健康的社会实践活动。通过参加这些活动,大学生们既可以增加对社会的了解,也可以扩大社会交往的范围,还能够提高自己独立谋生的本领。

但需要注意的是,在如何对待社会交往的问题上应避免两种倾向:一种是社会交往活动太多、对象太杂、频率太高,认为"多一个朋友多一条路""关系也是生产力",抱着这样的心态,盲目交往。结果,毫无选择的社会交往严重影响了学习,甚至使自己染上了不良嗜好。另一种是社会活动、社会交往过少,"两耳不闻窗外事",只管埋头读书,注重了书本知识的积累,却忽视了对实践能力的培养。

现代大学生要善于在各种社会交往中培养自己的亲和力,掌握与不同类型、不同层次的人交往的技巧、方法,为自己营造一个和谐的人际环境;同时,社会毕竟是复杂的,思想单纯、阅历不深的大学生们要有自我保护意识,谨慎与人交往,以免上当受骗。

(5)网络交往:网络拓展了人类交往的空间,网络交往已经成为一种重要的新型人际交往方式。人们通过QQ、微信等各种网络软件进行聊天、交友和游戏等。

一般情况下,网络人际交往对大学生来说具有双重效应:一方面是积极影响,有的大学生通过网络交往结交了许多朋友,获取了很多有价值的信息,开拓了思路,使自己受益匪浅;另一方面是消极影响,有的大学生患上了网络人际依赖症,他们将虚拟当作了现实,过度热衷于网络交往,过分沉迷在网络上。

第二节 人际交往的原则及技巧

一、大学生人际交往的基本原则

大学生只有进行积极的人际交往才能在交往中收到良好的效果,从而建立良好的人际关系。要实现这一目标就必须遵循人际交往的基本原则。

(一)真诚原则

真诚是大学生友好交往的基础,也是大学生人际交往得以延续和深化的保证。真诚就是真实、诚恳、没有虚假。只有彼此以心换心才能相互理解、相互接纳、相互信任,所谓"精诚所至,金石为开",就是用真诚去打开人际交往对象的心灵之门。

真诚待人者必被人待以真诚。真诚与人交往就可以充分认识、发掘别人的长处,不会计较别人的短处和不足;就能以公平的心去评价和判断事物,有助于自己的发展和完善。我们把真诚赠予人,自己什么也没有失去,反而会得到别人的真诚。日本著名作家池田大作写道:"只有抛掉虚伪,以诚相见的人际关系,才是最有力、最美好、最崇高的。"

真诚固然很好,固然必需,但是培养起来却颇不容易。人常常被各种利害关系和感情左右,这是人性的弱点之一,克服起来非常困难。要培养真诚就要从日常生活中做起,时时事事检点自己是否感情用事,是否本位主义,是否具有理性,经常反省自己的言行,不断培养和提高。

在人际交往的实践中,人们还容易犯一个错误,就是希望他人真诚可信,却常常忽视了自己的真诚。例如,有的大学生交朋友常常要求朋友对自己坦诚相待、袒露心扉,否则就认为朋友不够真诚,但是自己却从未向朋友打开过心灵之门。这样的交往关系永远难以深入。又如那种"逢人且说三分话,未可全抛一片心"的交往,必然侵蚀健康的交往关系。

（二）尊重原则

尊重是平等原则在人际交往中的体现,尊重包括自尊和尊重他人。自尊就是在各种场合自尊自爱,维护自己的人格;尊重他人就是重视他人的人格、习惯与价值,不伤害他人的自尊,承认人际交往中双方的平等地位。

尊重是大学生交友的重要保证,是达到交往效果的桥梁。在人际交往中,虽然交往双方由于主客观的原因,在气质、性格、能力和知识等方面均存在差异,并因社会分工的不同而具有不同的身份,但在人格上则是平等的。尊重人格是平等的基本要求,只有尊重他人,才能得到他人的尊重,尊重自己的同时也体现了对他人的尊重,二者是相辅相成的。

一个人如果损失了金钱,可以赚回来,但心灵受到了伤害,弥补起来就困难了。在交往中也许你并无伤友之意,但往往因为一句话、一件事伤害了别人,甚至就可能为自己树立了一个敌人。所以,尊重他人不伤害他人的自尊是人际交往中的根本原则。现在的大学生越来越强调自己的个性,好胜心极强,这样容易伤害朋友、同学的自尊。

在人际交往中,有的大学生往往要求别人尊重自己,自己却不懂得尊重别人。例如,教师在讲台上讲课,他却头戴耳机听音乐或英语;同学在课堂上讲演,他却在下面高声说笑。这样既伤害了他人的自尊,也是不尊重自己的表现。生活的陷阱中最可怕的就是自己不尊重自己,因为它是由我们自己亲手设计的陷阱。

要做到尊重他人和自尊就应当平等待人,尊重他人的劳动,树立良好人际形象,懂得欣赏别人,把别人当作有价值的人来对待,乐于与人相处,有责任感,懂得自我反思,不夸张自大,不自以为是。

（三）宽容原则

在与人相处时应当严于律己、宽以待人,接受对方的差异。俗话说:"金无足赤,人无完人"。交往中对别人要有宽容之心,如"眼睛里容不得一粒沙子"

般斤斤计较,苛刻待人,或者得理不让人,最终将会成为孤家寡人。另外,要有宽容之心,还须以诚换诚、以情换情、以心换心,善于站在对方的角度去理解对方。

(四)换位原则

在交往中要善于从对方的角度认知对方的思想观念和处事方式,设身处地体会对方的情感和发现对方处理问题的独特个性方式等,从而真正理解对方,找到最恰当的沟通和解决问题的方法。

二、大学生人际交往的必要技巧

(一)语言交往技巧

语言是具有社会意义的符号系统。语言是人类交流思想和情感的工具,人与人之间的交往主要凭借口头语言,大学生也是如此。口头语言交往包括听和说两个方面。善于聆听,乐于交谈,就能使大学生在良好的气氛中顺利进行交往。

1.说的技巧。说话是对自己思想和感情的表达。说出的话是要给别人听的,要使别人对自己说的话感觉好,就应当把握一些说的技巧。

(1)选对说话对象:俗话说"话不投机半句多",选对说话对象,说话者才有表达的愿望,才可能表达自己的思想和情感。

(2)选好说话话题:话题要有积极意义,要符合对方的知识范围、经验和当时的心境。

(3)擅长语言表达:表达的语言要清晰准确、通俗易懂、简洁生动、适宜得体。

(4)善用礼貌敬语:对老师要谦恭有礼,对同学则要多用亲切友好的词语。

(5)适当赞扬别人:适时适度、发自内心地赞扬别人,可以营造融洽的交往气氛,强化人际吸引力。但赞扬要真诚适度,不要虚情假意、乱戴高帽。

(6)尽量避免争论:大学生喜欢争论,但争论往往是在双方互不服输、面红耳赤、不愉快甚至演变成直接的人身攻击或产生严重的敌意中结束,这对人际关系的有害影响是显而易见的。因此大学生要尽量避免争论,要通过讨论、协商的途径,以"求同存异"的方式解决分歧,既表明原则性,又不伤害彼此的友谊,不强加于人,为彼此留有余地。

(7)尊重他人隐私:在交往中不要把他人说给你的秘密再讲给别人听。尊重他人的隐私就是尊重他人的人格。即使最亲密无间的朋友之间也有各自的秘密空间。如果一个人总是以打探或在背后说别人的秘密为乐趣,就是没有教养的表现,这样的人是不可能有真正的朋友的,最终只能是令人讨厌的孤独者。

2.听的技巧。聆听也是一门艺术,聆听他人讲话时要专心、耐心、虚心,而不只是用耳朵去听。聆听时要注意集中精神,表情自然,并且要做出相应的反应,通过目光接触、点头、赞许等给予表达者积极反馈,增强对方表达的自信心,使其乐于讲下去;要有耐心,不要表现出任何不耐烦和不感兴趣的神情;还要虚心,不要轻易打断别人的发言,要善于发现对方思想中的闪光点。

(二)非语言交往的技巧

非语言交往是指交往双方通过目光、表情、身体的动作、姿态等非语言行为进行沟通。在人际交往中,非语言行为虽然只是语言行为的辅助和强化手段,但它有时可代替语言传情达意,还能微妙地传递语言难以表达的"弦外之音""言外之意",产生"此时无声胜有声"的效果。所以,大学生要提高自己的交往能力,应当在人际交往中学会一些必要的非语言交往技巧。

1.目光技巧。常言道:"眼睛是心灵的窗户。"目光接触是人际交往间最能传神的非语言交往。在交往中通过目光的交流可以促进双方的沟通,目光的方向、眼球的转动、眨眼的频率都可以表示特定的意思并流露情感。正视对方表示尊重,斜视表示轻视,双目炯炯会使听者精神振奋。柔和、热忱的目光会流露出对对方的热情、赞许、鼓励和喜爱,东移西转的目光会让人感到心不在焉。交往中,适当的目光接触可以表达对彼此的关注。因此在人际交往中不能忽视眼神的作用,平时应注重培养自己用眼睛"说话"的能力。

2.体势技巧。体势包括体态和身体的动作。在人际交往中,人的举手投足都能传达特定的态度和含义。身体略微倾向于对方,表示热情和友好;微微欠身,表示谦恭有礼;身体侧转或背向对方,表示不屑一顾。不同的手势也具有不同的含义,如摆手表示制止或否定;双手外摊表示无可奈何;双臂外展表示阻拦;拍脑袋表示自责或醒悟;竖起大拇指表示夸奖。有些手的动作还会造成失礼,如手指指向对方面部、单手重放茶杯等。

3.语调技巧。同一句话用不同的语调,在不同的场合说出来,可以表达不同的甚至是相反的意思和情感。在人际交往中恰当地运用语调也是保证交往顺利进行的重要条件。一般情况下,柔和的语调表示坦率与友好;缓慢、低沉的语调表示对对方的同情和关注;用鼻音则显示傲慢、冷漠、鄙视,这会引起对方的反感。大学生在人际交往中要细心体会语调的微妙,学会正确运用语调,以加强语言表达的效果。

4.距离技巧。人都有一种保护自己个人空间的需要。个人空间距离的大小与交往的对象、内容、场合和情境有关。一般来说,人们之间的关系越密切,他们的人际空间距离就越小。心理学根据不同的交往对象和情境,划分了四种交往距离。

(1)亲密距离:这是人际交往中的最小间隔,一般在0.45米以内。这个距离属于家庭成员、亲密战友等关系最密切的人。亲密距离内的人相互挽臂执手、促膝谈心、不拘小节、无话不谈。亲密距离具有排他性,没有达到这种亲密程度的人插足这个区域,会引起对方的反感。

(2)个人距离:交往距离在1米左右。这个区域有较大的开放性,朋友或熟人可以自由进入这个空间。

(3)社交距离:交往距离在1~4米,保持这一距离的人们未形成亲密或熟人的关系,体现出一种社交性的或礼节性的关系,一般出现在工作环境或社交聚会上,谈话的内容也较为正式和公开。

(4)公众距离:交往距离在4米以上,在这个空间内,人际间的双向交往大大减少,更多的是一种单向交往,如演讲和报告等。

第三节 人际交往障碍及调适

一、大学生交往中的心理障碍

(一)自卑心理

在心理学上,自卑属于性格的一种缺陷。自卑是由于生理、心理的缺陷或者其他原因而产生的一种自我否定、不自信的情绪体验,是一种消极的自我评价。

自卑的人往往对自己评价很低,总是认为自己不如其他人,在人际交往中也畏首畏尾,还伴随一些诸如忧郁失落、失望、无助的负性情绪体验。

进入大学后,很多以往在高中表现优异的学生发现其他同学比自己优秀,尤其当发现自己在学习和社交方面不如其他人时便产生自卑心理,总认为自己不行,做事情没有自信心,甚至自我封闭。

(二)自负心理

自负心理是指过高地估计自己的能力,轻视和看不起周围的人,总认为自己比别人强很多,唯我独尊,总是将自己的观点强加于人,即使对方是正确的也不愿意接受,不允许别人批评或指责自己。存在自负心理的人很少关心他人,经常从自己的利益和角度出发,很少顾及他人的利益,与他人的人际关系较差。

有的大学生以自我为中心,不考虑其他人的感受,在宿舍深夜打电话或者玩游戏影响其他同学的正常休息,就造成了人际关系的紧张。

自负心理的产生与家庭教育、自我认知、强烈的自尊心有密切的关系。从家庭教育方面说,父母过于溺爱孩子,不切实际地夸大、赞美孩子,随着时间的推移,会使孩子滋生自负的心理,产生自己能力很强而看不起他人的想法和观念。从自我认知方面来说,不能够正确地认知自己,不能够全面、辩证地认知自己,只看到了自己的优点,过高评价自己,过低评价他人,久而久之也容易产生自负的心理。有的人有强烈的自尊心,在遇到挫折时为了避免自尊心受到伤害,会进行自我夸张放大,进行心理补偿,从而产生自负心理。

（三）嫉妒心理

我国著名心理学家朱智贤把嫉妒定义为"与他人比较时,发现自己在才能、名誉、地位或者境遇等方面不如别人而产生的一种由羞愧、愤怒、怨恨等组成的复杂情绪状态"。

有些大学生对别人的容貌聪明才智以及好的人缘、家境等会产生嫉妒的心理,从而对他人产生怨恨或者不满甚至敌意和报复,无故散播谣言,或对别人进行语言攻击、人身攻击,甚至产生更加偏激的行为。有些大学生虽然没有对外表现出某种行为,但实际上内心非常痛苦。嫉妒心理不仅对他人造成伤害,也会对自己造成伤害,对人际交往产生不良影响。

（四）猜疑心理

猜疑心理是指没有事实依据,完全凭借自己的主观想象进行臆断,只相信自己,不相信他人,怀疑他人,挑剔他人的一种不良心理。

存在猜疑心理的人在思维上经常进行毫无根据的推理,捕风捉影,牵强附会;在情感上经常郁郁寡欢、闷闷不乐,且非常敏感,总是怀疑别人不喜欢自己或者认为自己不好,怀疑别人威胁自己的名誉、地位、声望等;在人际关系上总是怀疑别人对自己不利,心胸狭窄,过分注意自己的得失,容易与他人造成隔阂,从而影响了良好的人际关系的建立。

（五）恐惧心理

人际交往中存在的恐惧心理主要是指不敢与他人进行交往,不敢与他人直视,不敢在人多的地方发表自己的观点和看法,害怕与异性来往,或者与他人交往时精神紧张、慌乱不安、语无伦次,甚至有的人还会出现全身发抖、出汗等症状。

存在恐惧心理的大学生通常也很自卑,不敢与他人讲话,有的甚至自我封闭,因此错失了很多机会,难以融入集体生活。

产生恐惧心理的原因是多方面的,有的是因为存在自卑心理而产生恐惧情绪;有的是因为曾经遇到挫折,在以后遇到类似的情景时仍旧会产生相似的情绪体验,甚至出现泛化的情况,泛化到生活中的其他方面。例如,"一朝被蛇咬,十年怕井绳"说的就是这种情况。

二、大学生人际交往障碍的原因分析

(一)家庭关系的影响

家庭是以血缘关系或收养关系为纽带建立起来的社会基本单位。家庭是个体社会化的第一环境。首先,夫妻关系是家庭关系中基本的关系;其次,还有父亲与子女和母亲与子女的亲子关系;最后,多子女家庭还有兄弟姐妹之间的关系。家庭关系的亲密程度、家庭中的人际互动模式会深刻影响孩子们今后的人际交流。

当代大学生大多为独生子女,没有兄弟姐妹,家庭内部横向交流缺乏,人际交往能力从小就缺乏锻炼,加上长辈的娇惯溺爱,一方面造成大学生以自我为中心,不懂得主动迁就他人、理解他人,影响他们在人际认知和自我认知方面的心理发展;另一方面大学生在上大学前受到父母的过分保护、控制和干涉,少有自己的交往原则和个人心理空间,对进入大学后人际交往中出现的许多问题不知所措。经济条件的差异也会成为大学生交往的障碍。那些家庭经济条件差的同学会感到自卑,在人际交往过程中容易退缩;而家庭经济条件较好的学生却充满优越感,容易在人际交往过程中表现得趾高气扬。

(二)学校教育的负面影响

学生中学时期长期在高考的压力下过分追求成绩而忽视了对人际交往能力等其他素质的培养。进入高校后,学校也很少有专门的系统课程培训。所以导致很多学生智商很高而情商很低,往往处理不好与其他人的关系。再者,高校教师都是上完课就离开,很少与同学进行交流与沟通,师生关系明显疏远,以致大学生在人际交流方面没有机会得到有效的指导和帮助,每天是教室、食堂、图书馆、宿舍"四点一线"的生活方式,这对大学生的人际交往有很大的负面影响。

(三)学生自身心理因素的影响

由于我国普通高校的大学生的年龄处于青年中后期,他们的生理已经发育成熟,但他们的心理还没完全发育成熟,他们从中学升入大学,虽然学习上是佼佼者,但生活阅历简单,心理承受能力较差。大学生在自我认识、自我评价、自我教育方面虽然比中学阶段有所提高,但他们一直被幸运的光环所笼罩,在分析自己、处理同学关系的时候极易产生困惑和错觉。另外,大学生在环境适应、自我认知、健全人格方面的问题会直接影响他们人际交往能力的发展。

(四)社会信息网络化的负面影响

现代信息技术特别是国际互联网的高速发展虽然打破了人们在时间和空间交往上的限制,但虚拟的网络交往也替代了人们之间直接的感情交流。网络在快速传递知识信息、提供娱乐游戏的同时也为大学生发泄不良情绪、寻求精神寄托和逃避现实生活提供了场所,这无疑导致了大学生在现实交往中的封闭和人际交往能力的下降。部分学生过度关注网络交往,反而忽视了现实生活的交往,不少人遇到现实问题时习惯舍近求远,这在一定程度上造成了自身心理封闭,降低了自身与周围群体的交往能力。

三、常见人际交往障碍的矫正策略

每个人在交往中都或多或少地出现不同的问题,改善人际关系与加强人际交往对大学生的学习、生活和心理健康都有重大意义。

(一)调整思想认识

管理者要注意引导大学生不断调整自己的思想认识,对人际交往形成一种积极的准确的认识,不要把人与人之间的关系视为尔虞我诈。同时加强对大学生交往技巧的培养,促使交往双方达到心理相容,为此在人际交往中应尽可能做到肯定对方。人类普遍有自尊的需要,只有在自尊心高度满足的情况下才会产生愉悦感,才会在人际交往中易于接受对方的态度、观点。特别是正值青年阶段的大学生自尊心极强,因而在交往中首先必须肯定对方,尊重对方,这样交往就成功了一半。

(二)表达真情实意

人际交往中若对方感受到你的真诚与热情,一般会给出肯定的评价。所以在交往中不但需要保持充沛的热情,同时也要坦诚言明自身的利益,才会显得真诚而又合情合理。以真情换真心,自然会得到对方的接纳,为成功交往架起了一道桥梁。

(三)保持乐观心态

这个社会是由形形色色的人组成的,每个人的性格、爱好、习惯和信仰迥然不同。每个人都会有自己的喜恶,会有自己对人对事的看法,因此不能用自己的标准去衡量、要求别人。需要避免在没有深入交往的情况下,单凭第一印象或断章取义的某句话就对一个人妄下断语或猜测。另外,我们很容易看到一件事情的阴暗面,但重要的是挖掘其积极面,只有实事求是、一分为二地看待问题才能找到贴近现实的解决办法。

(四)提高交际能力

人际交往能力是指妥善处理组织内外关系的能力。包括与周围环境建立广泛联系和对外界信息的吸收、转化能力,以及正确处理上下左右关系的能力。

人际交往能力一般分为以下3个种类。

1.表达理解能力。表达理解能力首先意味着一个人是否能够将自己内心的思想表现出来,并让他人能够清楚地了解自己的想法,其次就是理解他人的表达。一个人的表达能力也能直接证明其社会适应的程度。

2.人际融合能力。人际融合能力表明了一个人是否能够体验到人的可信及可爱,它和人的个性(如内外向等)有极大的关系,但又不完全由它决定,更多的是一种心理上的体验。

3.解决问题的能力。当前独生子女的一大弱点是对家庭的依赖性强,独立解决问题能力差,再加上应试教育的弊端,严重影响了学生的交往能力。

良好的人际关系是在交往中形成和发展起来的。大学生自入校的第一天起,只要加强交往的实际锻炼,良好的交往能力就一定会形成。

初入校门的大学生在和一些不熟悉的人交往时可以从一般的寒暄开始,之后转入中性话题,如来自哪个高中、姓名、有哪些业余爱好;而后再转入双方感兴趣的,触及个人利益的话题,如工作、学习、身体情况;最后,即可随便交谈。这种交往能锻炼自己和他人寻找相互感兴趣话题的本领。同时,良好的人际关系也有赖于相互的了解,相互了解则有赖于彼此思想上的沟通,因此要常与人交谈,交换看法,讨论感兴趣的事情。这样,可借以表达自己的喜怒哀乐,降低内心压力。在沟通中求得主观世界与客观世界的平衡,有益于身心健康。但在沟通时语言表达要清楚、准确、简练、生动。要学会有效聆听,做到耐心、虚心、用心、会心,把握谈话技巧,吸引和抓住对方。

一个人在不同场合具有不同角色,在教室是学生,在阅览室是读者,在商店是顾客。在交往活动中,如果心理上能经常把自己想象成对方,了解一下自己处在对方情境中的心理状态和行为方式,体会一下他人的心理感受,就会理解别人的感情和行为,从而改善自己待人的态度,这种心理互换也是培养交往能力的好办法。

(五)掌握交际技巧

一般的人际交往技巧包括以下几个方面:①要熟练记住别人的名字;②要成为和蔼可亲的人,不要让和你在一起的人感到拘束;③要养成积极乐观的性格,对任何事都不要烦恼;④把自己培养成为博学的人,以便使和你交往的人有所受益;⑤要认真努力消除你和交往对象之间的误会;⑥要及时祝贺成功者,不失时机地安慰悲伤者和失望者;⑦要化敌为友,对待中伤自己的人要学会一笑了之,等待机会说明一切;⑧要敢于认错,如果是自身过错就不要掩盖,肯认错表示你有正直坦荡的胸襟。

参考目录

[1]戴朝护.大学生心理健康[M].北京:北京大学出版社,2011.

[2]江光荣,吴才智.大学生心理健康教育[M].武汉:华中师范大学出版社,2012.

[3]李伟,张世辉.创新创业教程[M].北京:清华大学出版社,2015.

[4]刘辉,李强,王秀艳.大学生创新创业教程[M].上海:上海交通大学出版社,2016.

[5]刘胜辉,陆根书.大学生创新创业基础[M].北京:北京理工大学出版社,2016.

[6]罗文谦,惠亚爱.大学生创新创业基础[M].北京:国家行政学院出版社,2017.

[7]唐继红.大学生创新创业实务[M].北京:高等教育出版社,2017.

[8]王妮娜,熊伟.大学生创业教育与实践[M].北京:北京师范大学出版社,2014.

[9]吴才智,包卫.大学生心理健康[M].上海:华东师范大学出版社,2009.

[10]赵丽琴.大学生心理健康指南[M].北京:高等教育出版社,2010.

[11]赵明家,林文艺,叶树斌.大学生创新创业教育[M].吉林:吉林大学出版社,2016.

[12]朱桂琴.大学生心理健康教育[M].成都:四川教育出版社,2011.